David & Jan Stoop

Wenn Paare beten

Wie gemeinsames Beten
Ihre Beziehung verändern kann

David & Jan Stoop

Wenn Paare beten

Wie gemeinsames Beten Ihre Beziehung verändern kann

Schulte & Gerth

Die Bibelzitate wurden den Übersetzungen „Hoffnung für alle“ (HfA)
und Luther 1984 (L) entnommen.

Die amerikanische Originalausgabe erschien im Verlag
Servant Publications, Ann Arbor, Michigan,
unter dem Titel „When Couples Pray Together“.

Aus dem Amerikanischen übersetzt von Mechthild Bruchmann.

Die Edition „Neues Leben“ wird herausgegeben
von Rainer Schacke. Sie erscheint in Zusammenarbeit mit
dem Magazin „Neues Leben“ (Altenkirchen/Berlin).

Best.-Nr. 815 744
ISBN 3-89437-744-5
1. Auflage Juni 2001
2. Auflage Oktober 2001
Umschlaggestaltung: Hanni Plato
Umschlagfoto: stone
Satz: Die Feder GmbH, Wetzlar
Druck und Verarbeitung: Schönbach-Druck
Printed in Germany

Inhalt

Vorwort

Die Idee begeisterte uns: Wir sollten ein Buch darüber schreiben, wie Ehepaare miteinander geistliche Intimität entwickeln, wenn sie regelmäßig gemeinsam beten. Doch als wir uns zusammensetzten und etwas zu Papier bringen wollten, fühlten wir uns recht hilflos, obwohl wir bereits seit fast dreißig Jahren täglich miteinander beten.

Wir halten uns ganz und gar nicht für Gebetsprofis. Es sollte auch keine umfassende Studie über das Gebet werden, denn zu diesem Thema sind mittlerweile viele sehr gute Bücher erschienen. Aber was hat uns dann zum Schreiben dieses Buches bewogen? Wir möchten Ihnen ehrfurchtsvoll und behutsam weitergeben, wie in unserer Ehe das gemeinsame Beten allmählich immer wichtiger geworden ist. Wir hoffen, dass unsere Erfahrungen und die Erfahrungen anderer Ehepaare auch Sie anregen werden, das gemeinsame Gebet zu suchen und zu pflegen, und wir bitten Gott, dass er Sie dabei leitet.

Unser täglicher Rechenschaftsbericht vor Gott hat uns in unserer Beziehung Schwierigkeiten erkennen und bereinigen lassen und wir sind füreinander und vor Gott offener geworden. Der Herr ist uns in erstaunlicher Weise begegnet, sodass wir auf der Suche nach Gottes Sichtweise und seiner Souveränität viel Aufregendes erlebt haben.

Es ist nicht leicht, eine Ehe lebendig zu halten. Darum werden oft viele Probleme und Konflikte miteinander durchdiskutiert und aufgearbeitet, damit einer den anderen besser verstehen lernt. Das ist recht mühsam. Es gibt aber noch eine weitere Möglichkeit sich gegenseitig besser zu verstehen. Dazu ist es nicht nötig, sich krampfhaft in den anderen hineinzuversetzen und die Probleme eigenmächtig lösen zu wollen. Wir können vielmehr uns als Ehepaar auf den Weg machen, uns bei der Hand nehmen, nach vorne schauen, gemeinsam in die Zukunft und auf Gott blicken und gespannt sein, was er für uns als Paar geplant hat. Ein Ehepaar, das auf unseren Rat einging, schrieb uns Folgendes: „Unser gemeinsames Gebet hat uns ganz sicher näher zueinander geführt. Wenn wir gemeinsam vor unseren himmlischen Vater treten, verändert sich unsere Sichtweise und unsere Haltung." Gott sucht außergewöhnliche Ehepaare – zwei Menschen, die erwartungsvoll hinschauen, was Gott für sie auf Lager hat.

Das bedeutet natürlich nicht, dass es nicht auch immer wieder Zeiten geben wird, in denen wir uns einander zuwenden, in die Augen schauen und uns mit unseren Problemen und Konflikten auseinander setzen müssen. Aber es bedeutet, dass dabei ein anderer Ton herrscht – ein Ton, den wir unserer Stimme verleihen und mit dem wir Gott bitten, etwas Besonderes mit uns und unserer Welt zu tun. Ist es nicht ergreifend, wenn ein Paar erkennt, dass Gott es einlädt, ihm bei seinem augenblicklichen Werk in dieser Welt zu helfen? Der Einstieg dazu ist das gemeinsame Gebet. Wir möchten Ihnen Mut machen, heute damit zu beginnen und zu erleben, was Gott aus Ihrer Ehe machen will.

Ja, es soll ein Mut machendes Buch werden – ein Buch, das Sie etwas Neues wagen lässt und Ihnen kein schlechtes Gewissen macht, wenn Sie dieser Empfehlung nicht folgen. Wir möchten Sie dazu motivieren und gleichzeitig einige gangbare Schritte vorschlagen, mit denen Sie starten können. Ganz gleich ob Sie jung verheiratet sind oder schon Ihre Goldene Hochzeit gefeiert haben – für einen Anfang ist es nie zu spät!

Falls Sie als Ehepaar bereits miteinander beten, wünschen wir Ihnen Freude und Bestätigung auf Ihrer Entdeckungsreise, die Sie schon begonnen haben.

Wir geben in diesem Buch in erster Linie eigene Erfahrungen weiter oder die Erfahrungen von Menschen, die mit uns auf dem Weg sind, weil wir persönliche Gebete nicht analysieren oder sezieren wollen, da es sie unweigerlich zerstören würde. Wir hoffen, dass Menschen, mit denen Sie sich identifizieren können, durch die von uns aufgeschriebenen Erfahrungsberichte für Sie lebendig werden.

Es stimmt: Das individuelle Gebet ist eine geistliche Disziplin. Wie bei jedem Training geht es auch bei der geistlichen Disziplin nicht ohne Mühe ab. Man muss sich täglich neu dazu überwinden. Und wie bei jedem Training stellen wir fest: Wir können noch hinzulernen. Zu unserem Gebetstraining gehören zwei bereitwillige Herzen. Auch diese Disziplin wird sich wie jede andere nie voll beherrschen lassen. Wir bleiben immer Lernende. Wir würden uns freuen, wenn dieses Buch eine Trainingsanleitung für Sie wird, die Sie in der Schule unseres Schöpfers benutzen. Wollen Sie uns auf unserer Entdeckungsreise begleiten?

Wenn man im geistlichen Leben das Wort Disziplin vom Staub der Geschichte befreit, bleiben Aktivitäten, die uns eine effektivere Kooperation mit Christus und seinem Reich ermöglichen. Gnade (charis) ist eine Gabe (charisma). In der Gnade wachsen heißt, in dem wachsen, was uns von Gott und durch Gott gegeben ist. Disziplin ist im eigentlichen Sinn eine Möglichkeit, diese Gnade und diese Gnadengaben zu erlangen. Geistliche Disziplinen, „Übungen zur Gottgefälligkeit", sind Aktivitäten, die uns befähigen, mehr von seinem Leben und seiner Kraft zu empfangen, ohne uns oder andere zu überfordern.[1]

Dallas Willard

Teil I

Warum gemeinsam beten?

I

Sehnsucht und Versagen

Deshalb setzt alles daran, und beweist durch einen
vorbildlichen Lebenswandel, dass ihr an Gott glaubt.
Jeder soll sehen, dass ihr Gott kennt.
Diese Erkenntnis Gottes zeigt sich in eurer Selbstbeherrschung.
Selbstbeherrschung lernt man nur in Geduld und Ausdauer,
und dadurch wieder kommt man zur wahren Liebe
und Ehrfurcht vor Gott.
2. Petrus 1,5–7 (HfA)

Draußen war es frisch und knackig kalt – ein herrlicher Reisetag. Wir hatten gerade ein Seminar für Ehepaare in New York beendet und wollten einige Tage nach Vermont fahren. Wie wir diese Landschaft liebten! Wir freuten uns auf die herrliche Herbstfärbung, die Neu-England im Oktober verzaubert. Doch in diesem Jahr hatten frühe Stürme die bunten Blätter vorzeitig von den Zweigen gerissen. Die Bäume sahen kahl und verloren aus. Nach anderthalb Tagen kehrten wir deshalb enttäuscht in den Staat New York zurück, wo wir den Campus unseres Colleges besuchen wollten, an dem wir die ersten beiden Jahre nach unserer Hochzeit gewohnt hatten.

Viele Erinnerungen stiegen in uns hoch, während wir über den Campus fuhren, obwohl wir nur kurze Zeit hier gelebt hatten. Von der Bibliothek aus bewunderten wir noch einmal den herrlichen Blick, den wir jahrelang wie selbstverständlich genossen hatten. Wir kurvten durch die engen, winkligen Gassen von Nyack, der kleinen Stadt am Hang, und suchten nach dem Haus, in dem wir unser erstes gemeinsames Apartment bewohnt hatten. Ja, dort stand das Häuschen, in der winzigen Gasse, die uns nun noch viel enger vorkam als damals. Was für Erinnerungen!

Wir dachten an die kleine alte Dame, der dieses Haus vor vielen Jahren gehört hatte, und die freundlicherweise Studenten bei sich wohnen ließ. Dafür hatte sie den jungen Leuten aber auch einiges abverlangt! Vor allem hatte sie für ihr handwerkliches Geschick und ihren guten Geschmack bewundert werden wollen. So hatte sie in unserem kleinen Apartment die Zimmerdecke himmelblau und die Wände grün gestrichen. „Damit ihr euch in meiner kleinen Wohnung wie unter freiem Himmel fühlt!“, hatte sie stolz erklärt. Und dann war da noch so ein Knüller gewesen! Sie gab uns zu verstehen, dass, falls wir ihr entzückendes Apartment mieten wollten, sie freien Zugang zu unserer Wohnung brauche, um den Kühlschrank mitzubenutzen, weil sie keinen eigenen besitzen würde. (Im Winter allerdings, so fügte sie treuherzig hinzu, stelle sie ihre Lebensmittel auch auf die Fensterbank. Dann brauche sie uns nicht so oft zu stören.) Was waren das für interessante und aufregende Zeiten in unseren ersten Ehe-Monaten mit Mrs. Tallman gewesen, immer auf der Flucht vor ihrem Eindringen in unsere Intimsphäre!

Wir saßen im Auto und sprachen über die nicht immer leichten ersten beiden gemeinsamen Jahre. Wir hatten friedlich und harmonisch miteinander umgehen und uns gegenseitig Geborgenheit schenken wollen, aber keiner von uns hatte eine Ahnung, wie man das konkret macht. Also kämpften und stritten, liebten und litten wir. Der Gedanke an eine geistliche Intimität, die möglicherweise die Differenzen zwischen uns behoben hätte, ist uns damals gar nicht in den Sinn gekommen.

Wir hatten zwar beide Jesus als den Herrn unseres Lebens angenommen, Jan bereits als Kind und Dave als Teenager, aber wir hatten keine Idee, wie diese persönliche Beziehung zu Gott unsere Beziehung zueinander vertiefen konnte. Wir besuchten ein christliches College, saßen in zahllosen Vorlesungen, beteten bei den Mahlzeiten oder allein jeder für sich, lasen in der

Bibel, besuchten Bibelstunden und hörten Kassetten mit Predigten unseres Lieblingspastors an. Und doch führte nichts von alledem dazu, dass aus unserer individuellen Beziehung zu Gott ein gemeinsamer Weg mit Gott wurde. Im Grunde suchten wir beide nach geistlicher Gemeinschaft und doch haben wir erst viel später in unserer Ehe darüber gesprochen.

Jan: Ich muss mit unserer Geschichte über das gemeinsame Beten beginnen, denn ich glaube, ich habe es uns, wenn ich zurückschaue, besonders schwer gemacht. Wissen Sie, rein menschlich gesehen, war ich wahrscheinlich von Anfang an ein Hemmschuh – wenigstens was die Entwicklung geistlicher Gemeinsamkeiten mit meinem Mann angeht. Schon bei meiner Geburt habe ich die Welt auf den Kopf stellen wollen. Es liegt also in meiner Natur, dass ich dem Leben ein wenig mehr abverlangen will. Dadurch tue ich mich in allem schwerer als andere. Wenn sich schließlich noch meine Tendenz zur Perfektion hinzugesellt, ist die Blockade vollkommen.

Ich weiß nicht, wie es Ihnen geht, aber ich habe immer geglaubt: Ohne Fleiß, kein Preis. Oder anders: Wer nur fleißig genug an einer Sache arbeitet, hat auch Anspruch auf Erfolg. Klingt doch nicht schlecht, oder? Außerdem nahm ich an, dass man alles schaffen kann. Man muss es nur anpacken. Immerhin war das die Meinung meines Vaters und er hat diese Einstellung in mir geprägt. Als es also darum ging, mit meinem Mann gemeinsam zu beten, habe ich auch das mit Begeisterung und Elan in Angriff genommen. Übrigens stamme ich aus einer Familie, in der Abend für Abend auf den Knien laut gebetet wurde. Warum sollte das bei meinem Mann und mir anders sein? Ich wusste, dass auch mein Vater mit meiner Mutter regelmäßig betete. Und ich erinnere mich noch gut daran, dass ich, wenn ich als Teenager spät nach Hause kam, meine Mutter und meinen Vater kniend und betend im Wohnzimmer vorfand. Also war eine Gebetsgemeinschaft als Ehepaar für mich ganz normal und kein Problem.

Schon als kleines Mädchen habe ich gern gebetet. Manchmal betete ich allein. Und manchmal freute ich mich richtig, mit unserer Familie gemeinsam zu beten. Darum war es ganz natürlich, dass ich, als ich heiratete, bestimmte Erwartungen hatte, wie wir zusammen beten würden. Doch dann musste ich schmerzlich feststellen, dass der Mann, den ich geheiratet hatte, ein ganz anderes Naturell hat als ich und außerdem aus einer komplett anderen Familie stammt, wo nicht tagtäglich im Familienkreis gebetet wurde. So dauerte es nicht lange, bis ich erkennen musste: Dieser Mann hat völlig andere Vorstellungen von unserem Zusammenleben. Und er war ganz bestimmt nicht bereit, einen noch so geistlichen Tagesablauf einfach von mir zu übernehmen.

Es war nicht leicht, mit den riesigen Unterschieden zwischen David und mir fertig zu werden. Auch unsere Art der Kommunikation war unterschiedlich: So rede ich zum Beispiel gern in Ruhe über bestimmte Dinge. Ich setze mich dann mit Vorliebe dem Anderen gegenüber, schaue ihn an und rede mit ihm oder höre ihm ohne Ablenkung durch Fernseher oder Zeitung zu. Irrtümlicherweise hatte ich die Vorstellung, dass jeder so empfindet wie ich. Aber Dave ist anders. Er muss Probleme für sich allein in seinem Kopf verarbeiten. Mir dagegen scheint es normal, dass ich einem Menschen zuhöre oder antworte, der mir etwas sagt oder mich fragt. Ich gebe gern eine Antwort und erwarte auch selbst eine akustische Antwort und diese nicht erst nach längerer Zeit. Aber bei Dave begnügte ich mich notgedrungen mit einem Kopfnicken oder einer ähnlichen Geste der Kenntnisnahme dessen, was ich ihn fragte. Dave hat mir später oft gesagt: „Warum konntest du nicht ein bisschen länger warten? Ich hätte dir bestimmt geantwortet.“ Leider gab ich sehr oft, lange bevor er eine Antwort formulieren konnte, auf und versuchte stattdessen umso intensiver, ihn zum Reden zu bringen. Doch je hartnäckiger ich wurde, umso widerborstiger wurde er.

Wenn wir also in den ersten Ehejahren über geistliche Dinge reden wollten, besonders über das gemeinsame Gebet (und ich weiß, ich brachte es oft zur Sprache), spürte ich, wie der Widerstand bei meinem lieben Mann wuchs. Wenn ich von dem Thema anfing, hüllte Dave sich in Schweigen oder er wechselte schnell das Thema. Gelang es mir einmal, ihn in einer besonders redseligen Stimmung zu erwischen, sagte er gutmütig: „Ich denk mal darüber nach." Jahrelang hungerte ich nach der geistlichen Gemeinschaft, die ich mir immer für meine Ehe gewünscht hatte. Doch seine konstante Antwort war: „Jetzt nicht." Typisch, denn heute kenne ich seine abwartende Haltung und sein Bedürfnis, die Dinge erst für sich zu durchdenken, bevor er redet.

Dave weigerte sich nicht, weil er nicht an geistlichen Dingen interessiert war. Vielmehr leitete er damals sogar die gesamte Jugendarbeit einer Freien Gemeinde und arbeitete später im Vorstand verschiedener Gemeinden mit. Es ging ihm also nicht darum, dass er vom Beten nichts hielt, denn schließlich betete er mit anderen in seinem Gemeindebüro. Außcrdem betete er in der Sonntagsschule und von der Kanzel aus. Darüber hinaus betete er mit unseren Kindern und von Zeit zu Zeit mit unserer Familie. Ja, er betete auch laut in meiner Familie, wenn wir bei meinen Eltern zu Besuch waren. Und ich weiß, dass er auch für sich allein betete. Nur mit mir zusammen wollte er nie beten.

Als ich ihn einmal fragte, wie seine Familie gebetet habe, sagte er, er könne sich nur erinnern, dass bei ihnen vor den Mahlzeiten gemeinsam gebetet wurde. Auch ob seine Eltern miteinander gebetet hätten, wusste er nicht. Und oft meinte er entschuldigend: „Ich glaube, ich bin kein Gebetskämpfer wie du."

Das war kein Kompliment für mich. In Wirklichkeit hatte ich Mühe mit meiner eigenen Gebetszeit, zumal ich drei kleine Kinder zu versorgen hatte, halbtags arbeitete und für die Jugendarbeit mitverantwortlich war, die Dave leitete. Im Grund erwartete ich, dass Dave mir die Gebets-Bürde von den Schultern nahm und sich daran beteiligte. Ich wollte, dass er die Initiative ergriff und die geistliche Leitung in unserer Beziehung übernahm. War nicht der Mann für die spirituelle Führung verantwortlich? Schließlich trug ich schon für so vieles Verantwortung, dann sollte er zumindest diese übernehmen.

Wie habe ich auf Grund meiner falschen Erwartungen gekämpft! Unsere ersten Ehejahre waren schwierig. Oft haben wir geglaubt, wir schaffen es nicht. Die wunderbaren geistlichen Möglichkeiten einer Ehe, wie ich sie mir vorgestellt hatte, schienen mir unerreichbar, da sich unsere Beziehung langsam aber sicher dem täglichen Überlebensstress anpasste. Ich fühlte mich nicht stark genug, etwas daran zu ändern.

Zu guter Letzt gab auch noch mein Perfektionismus dem ganzen Problem den Rest. Ich wollte ständig mehr aus unserer Beziehung machen, aber ich hatte keine Idee, wie ich das anstellen sollte. Also blieb ich in dem alten Verhaltensmuster stecken: Wenn ich mich nur noch ein wenig mehr anstrenge, muss das Problem zu lösen sein. Ich erinnere mich, wie wir in einer Freizeit mit anderen Pastorenfrauen darüber gelacht haben, wie viele von uns dieselbe Taktik anwendeten, um unsere Männer in die geistlichen Bedürfnisse unserer Ehen und Familien zu integrieren. Wir stellten fest, dass viele von uns an einem Ferientag die offene Bibel neben den Teller des Mannes gelegt hatten; als ein nicht zu übersehendes Zeichen, seiner Familie daraus laut vorzulesen! Diesen Trick habe ich öfter versucht als ich einzugestehen wage!

Im Laufe der Zeit ging ich vom offenen Angriff zu versteckteren Hinweisen (wenigstens hielt ich sie dafür) über. Ich wollte Dave glauben machen, dass dies und jenes wenigstens zum Teil seine Idee sei und hoffte, dass er darauf eingehen würde. Heute lachen wir beide über meine haarsträubenden Versuche, ihm die Initiative aufzudrücken. Ich erinnere mich, wie ich listig Hinweiszettelchen für ihn fallen ließ. Er hat keines davon aufgehoben!

Mit allen Mitteln habe ich versucht, Dave, als dem Haupt der Familie, unsere geistliche Führung anzudienen, bis ich merkte, dass ich darüber die Verantwortung für die Lebendigkeit meines eigenen geistlichen Lebens aufgegeben hatte. Damals betete ich regelmäßig allein. Außerdem betete ich mit den Kindern und für sie. Ich ging in die Kinderzimmer und betete mit ihnen, bevor sie einschliefen, und dann ging ich später noch einmal in ihr Zimmer und betete für sie, während sie schliefen. Als sie noch ganz klein waren, wiegte ich sie betend in meinen Armen und betete für ihre Ehegefährten, die sie einmal heiraten würden. Was war das für eine wunderschöne Zeit! Wie gern hätte ich sie mit Dave geteilt! Es hat Zeiten gegeben, da sehnte ich mir die geistliche Gemeinschaft mit meinem Mann so sehr herbei, dass meine Enttäuschung die schönen Dinge, die wir gemeinsam erlebten, überschattete. Und was noch schlimmer war, ich vergaß oft, für das, was mich bekümmerte, zu beten.

Schließlich erwähnte jemand in einem Workshop, dass laut Statistik nur vier Prozent aller christlichen Ehepaare regelmäßig miteinander beten. Traurig war, dass von den vielen hundert Zuhörern nicht einer gegen diese Statistik protestierte. Vielleicht beteten tatsächlich nur vier Prozent der Zuhörer regelmäßig miteinander. Schade, dass ich von dieser Statistik nicht einige Jahre früher erfahren hatte. Dann hätte ich unsere Differenzen besser verstanden und mich nicht bei meinen „Rettungsversuchen" so alleine gefühlt.

Im Gespräch mit Pfarrerehepaaren stellten wir übrigens fest, dass Pastoren wahrscheinlich seltener mit ihren Frauen beten als andere Ehepaare in der Gemeinde. Die statistischen vier Prozent gelten offenbar auch für Pfarrer. In unseren ersten Ehejahren hat uns ein Problem besonders frustriert und es beschäftigt uns leider bis heute: Wie überwinden christliche Paare ihre Hemmungen, die persönlichen Unterschiede, die familiären Hintergründe, die gegenseitigen Erwartungen, die Eheprobleme – kurz alle Knüppel, die Satan ihnen zwischen die Beine schmeißt, um sie am gemeinsamen Gebet zu hindern?

Vielleicht fragen Sie sich, was Dave in jenen ersten Ehejahren durch den Kopf gegangen sein mag. Hier kommt er zu Wort:

Dave: Jan kann sich an alles sehr gut erinnern. Mir war zwar bewusst, dass sie sich wünschte, mit mir zu beten, aber ich war mir nicht sicher, ob diese Mühe das Risiko wert war. Welches Risiko?, werden Sie sich fragen. Nun, ich hielt das gemeinsame Gebet für ein großes Risiko.

Erstens hatte ich nicht wie Jan mit einer Gebetsgemeinschaft innerhalb der Familie so gute Erfahrungen gemacht. Ich erinnere mich nur an einige wenige Familienandachten meiner Eltern. Damals war ich ein zappeliger Teenager gewesen und hatte es nicht erwarten können, bis die Sache vorüber war. Ich glaube, ich war zu dieser Zeit so unruhig und voller Opposition, dass meine Eltern nur wenige Versuche machten und dann aufgaben. Ich hatte keine für mich sinnvollen Gebetsgemeinschaften in der Familie erlebt.

Zweitens erinnere ich mich an die Gebetsstunden der Gemeinde mittwochabends. Auch das waren keine guten Erfahrungen für mich gewesen. Diese Versammlungen waren für mich endlos lang, leer und langweilig. Es waren nie viele Leute da gewesen und über allen hatte diese „(schein)heilige Strenge" gelegen. Endlich war ich dann irgendwann alt genug für die Jugend-Gebetsstunde. Aber leider wurde es dort nicht besser für mich. Was ich davon in Erinnerung behalten habe, sind meine schmerzenden Knie, weil wir auf dem harten Boden knien mussten. Später wurde von mir erwartet, dass ich in der Jugendgruppe beten sollte und dort suchte ich dann verzweifelt nach Worten. Die Nähe, die Jan in ihrer Familie beim gemeinsamen Gebet erlebt hat, habe ich also nie erfahren, weder zu Hause noch in der Gemeinde.

Meine Zurückhaltung gründete daher in der simplen Frage: „Wo ist der Clou des gemeinsamen Gebets?" Ich konnte mir nicht vorstellen, warum das gemeinsame Gebet für Jan so wichtig war und betete weiterhin alleine. Offensichtlich habe ich nie mit Jan darüber gesprochen, denn irgendwie wusste ich, dass das nicht die richtige Einstellung eines Ehemannes gegenüber seiner Frau war.

Als ich dann eine Pfarrstelle übernahm, gewann das Gebet für mich an Bedeutung. Für mich gehörte Beten zum Beruf, es war ein Teil dessen, was von mir als Pastor verlangt wurde. Es tat mir gut, mit anderen Menschen zu beten, auch vor Gruppen, selbst mit unserer Familie, aber nicht allein mit Jan. Das schien mir zu schwierig. Jemand verglich einmal das gemeinsame Gebet von Paaren mit zwei sich fremden Menschen, bei denen plötzlich alle Hüllen fallen. Dieser Ansicht war ich auch. Ich befürchtete, Jan verlangte von mir, in ihrer Gegenwart meine Seele vor Gott zu entblößen. Später stellte sich heraus, dass dies ganz und gar nicht Jans Absicht gewesen war. Aber wie sollte ich das wissen, wenn ich nicht einmal bereit war, mit ihr darüber zu reden?

Drittens lag das Problem in meiner Persönlichkeitsstruktur begründet, denn ich muss die Dinge erst einmal in Ruhe mit mir selbst ausmachen, bevor ich darüber reden kann. Ich bin darin das genaue Gegenteil von Jan. Sie muss etwas rauslassen – aus sich heraus reden –, damit sie es verstehen kann. Wenn ich das tue, drehe ich mich im Kreis, und das ist sehr unproduktiv. Da lag also das Problem. Jedes Mal, wenn sie über dieses Thema reden wollte, brauchte ich Zeit, um darüber nachzudenken und zu einem Ergebnis zu kommen. Sie aber deutete mein Schweigen als Missachtung ihrer Idee und ihrer Person.

Wie und wann hat sich unsere Einstellung endlich geändert? Das ist eine gute Frage. Wir haben darüber nachgedacht, was letztlich die Veränderung herbeigeführt hat. Aber keiner von uns kann sich genau daran erinnern. Ich weiß nur noch, dass ich - kurz nachdem ich meine Stelle als Gemeindepastor aufgab und bevor ich eine neue Aufgabe als Gemeindeberater antrat -, sozusagen die „Kröte geschluckt habe". Ich erklärte mich bereit, mit Jan, also nur mit ihr alleine, zu beten.

Ich glaube, wir haben mit dem gemeinsamen Beten begonnen, als meine Ausbildung als Seelsorge-Berater endete. Es war während meines letzten Kurses in Gruppentherapie. Darin gehörte es zur Ausbildung, dass jeder Student sich einer Gruppentherapie unterzog. Gegen Ende des Kurses hatte ich es dann endlich gewagt, einige persönliche Dinge in der Gruppe zu sagen und ich war freudig überrascht, als die negative Antwort, die ich befürchtet hatte, ausblieb. Ich hatte erwartet, dass man mir Vorwürfe machen und mich verurteilen würde. Stattdessen erfuhr ich Verständnis und Unterstützung von Seiten der Gruppenmitglieder.

Ich erinnere mich noch gut, dass ich zu Hause Jan erzählte, was passiert war. Und dann fasste ich Mut, ihr einige sehr persönliche Dinge anzuvertrauen. Dabei fürchtete ich ihre Antwort und wurde auch durch sie positiv überrascht. Sie war sehr liebevoll zu mir und akzeptierte das, was ich ihr anvertraut hatte. Ich glaube, es war in dieser Zeit, als ihre liebevolle Antwort auf meine verletzliche Art mir Mut machte, es endlich zu wagen, mit ihr eine Gebetsgemeinschaft zu beginnen. Das ist nun dreißig Jahre her und wir haben seitdem an fast keinem Tag das Gebet ausgelassen. Selbst wenn einer von uns verreist ist, beten wir jeden Tag miteinander am Telefon.

Im Laufe der Jahre, in denen wir gemeinsam beteten, haben wir eine geistliche Nähe erfahren, die uns durch sehr harte Zeiten unseres Ehe- und Familienlebens getragen hat. Bitte, glauben Sie nicht, wir wüssten, wie man sich immer „richtig" verhält – das wäre vermessen –, aber wir hoffen, dass, wenn wir darüber berichten, wie wir uns bemühen, das gemeinsame Gebet ins Zentrum unserer Beziehung zu rücken, es die Leser motivieren und ihnen helfen wird, mehr von ihrer Beziehung zu ihrem Partner und zu Gott zu erwarten.

Richard Foster hat meinen Kampf sehr gut mit den folgenden Worten beschrieben: „Wir verlangen heute nach Gebet und haben tausend Vorbehalte. Wir werden vom Gebet angezogen und abgestoßen. Wir glauben, dass wir beten sollten, ja, wir wollen es sogar, aber zwischen uns und dem gemeinsamen Gebet liegt eine Kluft."[2] In meinem Fall kämpfte ich nicht nur mit mir selbst, sondern auch mit Jan und mir. Jan repräsentierte das Verlangen und ich die Vorbehalte. Vielleicht wartete ich darauf, bis, wie Foster weiter sagt, alles „gerade recht" ist. Oder vielleicht wartete ich darauf, dass ich durchs Beten besser würde oder williger, „tiefer zu beten." Was auch immer der Grund gewesen sein mag, ich erinnere mich gut, dass ich mich ganz und gar nicht danach fühlte, mit Jan zusammen zu beten. Inzwischen weiß ich, dass es zum Teil daran lag, dass ich alles viel zu kompliziert sah. Weder Jan noch ich wussten, wie wir die Barrieren wegräumen sollten, bis wir uns einen Ruck gaben und mit ganz simplen Worten anfingen.

Paare von besonderer Art

Jan: Als wir erst einmal mit dem gemeinsamen Gebet begonnen hatten, verschwanden Daves Vorbehalte von ganz allein. Es war gar nicht so unheimlich, wie er sich das vorgestellt hatte. Der Schlüssel zum Gebet für uns waren ganz schlichte Worte. Wir fragten einmal ein Paar, wie es bei ihm mit dem gemeinsamen Beten angefangen habe, und es antwortete: „Wir öffneten unseren Mund und sagten: ‚Lieber himmlischer Vater ...‘ Im ersten Augenblick meinten wir, dass sie vielleicht unsere Frage nicht verstanden hätten. Doch als wir über ihre Antwort nachdachten, stellten wir fest, sie hatten genau das Richtige gesagt: So schlicht wie möglich – einfach den Mund öffnen und beginnen.

In den letzten Jahren haben wir nach einem Ehepaarseminar immer wieder den Paaren, die täglich miteinander beten wollten, empfohlen, es sechs Wochen lang durchzuhalten. Mehr als vierhundert Paare haben zugesagt und sich schriftlich dazu verpflichtet. Viele von ihnen füllten einen Fragebogen aus und teilten uns darauf ihre gemeinsamen Gebetserfahrungen mit. In diesem Buch können Sie lesen, was sie erlebt haben, seitdem sie täglich als Ehepaar beten.

Unmenschliche Bedingungen haben zunehmend ihren Ursprung in der kulturellen Verherrlichung des Individualismus. Dadurch wird der Einzelne immer unfähiger, menschliche Beziehungen zu pflegen. Leider gibt es heute nur wenige Stimmen, die nicht müde werden zu bezeugen, dass im geistlichen Bereich ein Heilmittel gegen die Beziehungslosigkeit zu finden ist. Selbst wenn zur Mitarbeit in christlichen Gemeinden aufgerufen wird, geht es fast immer um eine individuelle Aufgabe. In Predigten, Sonntagsschulstunden und vielen Büchern wird erklärt, wie wir als Einzelne geistlich wachsen können. Sehr selten wird aber etwas gesagt oder geschrieben, wie wir als Ehepaar eine tiefere Spiritualität oder ein intensiveres Gebetsleben erreichen können. Wir haben festgestellt, dass sich bei einem Ehepaar Spiritualität leichter vertieft als bei einem Single.

Der explosionsartige Anstieg der Ehescheidungen spricht für sich. Da unsere Gesellschaft den Individualismus mehr und mehr glorifiziert, steigt die Scheidungsrate weiter an. Der Grund für die meisten Scheidungen, die wir beobachtet haben, äußerte sich im „ismus" unserer Zeit, in dem ein oder beide Partner gefangen waren. Bei Ehepaaren, die miteinander beten, ist das anders. Ein Ehepaar, das in der Eheberatung einer Gemeinde tätig ist, sagte uns in seinem Antwortschreiben auf unseren Fragebogen, dass ihrer Berechnung nach nur eins von 1.500 Paaren, die regelmäßig miteinander beten, geschieden wird.[3] Was für ein Unterschied! Das gemeinsame Gebet hält Ehepaare zusammen. Durch ihre Gebetsgemeinschaft stabilisiert sich eindeutig ihre Ehe.

Dave: Bei meiner Eheberatung habe ich das getestet. Die meisten Paare steckten in einer Krise oder kamen mit Sorgen in mein Büro. Ich schlug ihnen hin und wieder vor, zu Hause über das Problem, das sie zu mir geführt hatte, miteinander zu reden, und gab ihnen als Hausaufgabe, jedes Gespräch über ihr Problem mit einem kurzen gemeinsamen Gebet abzuschließen. Von Fall zu Fall gab ich ihnen auch ein einfaches Gebet mit, das sie zusammen lesen sollten. Die Veränderungen bei denen, die diesem Rat gefolgt sind, waren auffallend: Ihre Haltung veränderte sich und sie wurden weicher; warme, fürsorgliche Gefühle hatten eine neue Entwicklungschance bekommen.

In diesem Buch wollen wir hier und da einige Antworten aus unserem Fragebogen veröffentlichen. Uns interessierte besonders, wie das gemeinsame Gebet erlebt wurde. Waren die Paare Gott und einander näher gekommen? Ein Ehepaar, das schon länger miteinander betete, schrieb uns:

Als wir vor zehn Jahren anfingen, miteinander zu beten, ahnten wir nicht, wie sehr uns das Gebet in die Nähe des Herrn bringen würde. Wir erfuhren eine ganz neue Geborgenheit in ihm. Aber wir spürten auch eine ganz neue Nähe zueinander – eine Intimität, die heute für unsere Beziehung so wichtig ist wie die Luft zum Atmen.

Der Mann erklärte das noch genauer:

*Während wir miteinander beteten, entdeckte ich,
wie wichtig es meiner Frau ist, ihre Emotionen mitzuteilen.
In meinem Gebet konnte ich ihre Gefühle aufgreifen.
So habe ich im Laufe der Zeit gelernt,
sie besser zu verstehen, und gesehen, wie wir durch
unsere gemeinsame Gebetszeit enger zusammenwuchsen.*

Und seine Frau fügte hinzu:

*Am Anfang unserer gemeinsamen Gebetszeit hat es mich berührt, wie sehr mein Mann eine enge Lebensgemeinschaft mit dem Herrn suchte. Im Laufe der Jahre fühlte ich mich meinem Mann immer mehr verbunden, je mehr wir miteinander beteten. Ich bin überzeugt, dass er, obwohl er nicht vollkommen ist, von Herzen den Willen Gottes tun möchte.
Das bietet mir als Frau eine wohltuende Sicherheit.*

Das ist eine starke Aussage! Beide Partner sagen, ihre Herzen haben zueinander gefunden! Viele Paare kennen gar nicht das Herz ihres Partners, weshalb sie sich auch nicht wirklich näher kommen können. Doch mit Hilfe des gemeinsamen Gebetes kann man das Herz des Partners tatsächlich kennen lernen. Eine Frau schilderte zum Beispiel, dass sie ihren Mann beim Beten gar nicht wahrnimmt und ungeachtet seiner Anwesenheit vor dem Herrn ihr Herz ungeschützt ausschüttet. Dennoch ist ihr Mann anwesend und hört zu. Er erfährt, was seiner Frau auf dem Herzen liegt. Wer das Herz des Partners kennen lernt, erlebt Nähe.

Ein anderes Paar schrieb uns:

*Der Herr segnete unser gemeinsames Beten
und schaute auf uns herab. Er gab uns, worum wir gar nicht
zu beten gewagt hätten, denn des Herrn Augen schauen
alle Lande, dass er stärke, die mit ganzem Herzen bei ihm sind.*
(2. Chronik 16,9 L)

Gott schaute zu und er hörte nicht nur ihre Gebete, sondern sah auch ihre Herzen an. Er antwortete auf Bitten, die sie selbst gar nicht in Worte fassen konnten. Manche Paare haben das in den sechs Wochen, in denen sie sich zum gemeinsamen Gebet verpflichtet hatten, erlebt und uns mitgeteilt. Viele Probleme traten in ihrer Ehe oder Familie auf, Probleme, die früher zwischen ihnen Ärger und Distanz geschaffen hätten. Aber weil sie miteinander beteten, konnten sie leichter mit den Vorfällen umgehen und sie konnten auch einander besser verstehen.

Doch bevor Sie den Schluss ziehen, dass es für alle, die sich zum gemeinsamen Beten entschlossen haben, leicht war und die Reaktion darauf nur positiv, wollen wir schnell sagen, dass auch die weniger positiven Antworten hierher gehören. Es gab auch einige Paare, die von Negativerfahrungen berichteten, deren Beziehung zueinander sich durch das gemeinsame Gebet nicht verbesserte.

Im nächsten Kapitel wollen wir nachforschen, warum wir als Ehepaare das gemeinsame Gebet brauchen. In Kapitel drei stellen wir einige Paare vor, die sehr gute Erfahrungen damit gemacht haben und klare Antworten auf ihre Gebete erhielten. Danach lernen wir andere Paare kennen, die miteinander gebetet haben, aber deren Gebete nicht erhört wurden. Einige wurden enttäuscht, andere wiederum konnten eine Antwort finden, mit der sie sich zufrieden gaben.

Teil zwei dieses Buches stellt Hindernisse vor, die sich betenden Ehepaaren in den Weg stellen können. Kapitel fünf spricht die natürliche Abwehr an, die sich einstellt, wenn Paare gemeinsam beten wollen. Kapitel sechs stellt spezifische Hindernisse vor, die es Paaren unmöglich machten, ihre Verpflichtung, miteinander zu beten, einzuhalten. Und wir wollen außerdem einige emotionale Schwierigkeiten in der Ehe aufzeigen, die das gemeinsame Beten schlichtweg verbieten. Kapitel sieben zeigt uns, wie das gemeinsame Gebet zu Beginn einer Beziehung Widerstände überwinden kann und uns auf unvermeidliche geistliche Kämpfe vorbereitet.

Teil drei zeigt Ihnen schließlich Schritte auf, mit denen Sie jederzeit Ihr gemeinsames Gebet unabhängig vom Stand Ihrer geistlichen Entwicklung beginnen können. Kapitel acht spricht davon, wie wichtig ein erster Anfang ist und gibt Ideen, wie man miteinander beten kann. In Kapitel neun denken wir darüber nach, wofür wir beten sollten, wenn wir zusammen beten. Immer wieder werden wir uns dabei in diesem Buch die verschiedenen Gebetserfahrungen einzelner Paare anschauen. In Kapitel zehn veröffentlichen wir die Geschichten einiger Paare, die durch das Gebet eine Heilung ihrer Beziehung erfahren haben. Zu guter Letzt gibt Ihnen das letzte Kapitel Gelegenheit, sich schriftlich zu verpflichten, sechs Wochen lang täglich mit Ihrem Partner zu beten. Was schriftlich festgehalten ist, ist verbindlicher. Das ist eine alte Weisheit.

Im Grunde ist dieses Buch ein Versuch, Ehepaaren dabei zu helfen, sich im Dschungel unserer Kultur zurechtzufinden. Es ist ein Aufruf zu einer Veränderung der Beteiligten innerhalb einer Ehe, eine Verpflichtung, die Gott als Grundlage des Zusammenlebens geschaffen hat. Wir hoffen, dass sich beim Lesen der Zuschriften, die wir von vielen hundert Paaren erhalten haben, etwas in Ihrem Herzen bewegen wird und Ihnen Mut macht, mit dem gemeinsamen Gebet zu beginnen oder dies noch bewusster zu pflegen. Viele Paare haben uns auf Grund ihres Versprechens, wenigstens sechs Wochen miteinander zu beten, geschrieben und andere, weil sie schon lange das gemeinsame Gebet pflegen. Womöglich sehnen Sie oder Ihr Partner sich danach, einander und Gott geistlich näher zu kommen, scheuen sich aber vielleicht noch, diesbezüglich einen Anfang zu wagen. Oder einer von Ihnen versucht so heftig, den anderen zu motivieren, dass der Widerstand wächst. Lesen Sie bitte weiter! Am Ende eines jeden Kapitels finden Sie Fragen zur gemeinsamen Diskussion und Gebetsbeispiele, mit deren Hilfe jeder mit dem Beten beginnen kann.

Fragen zum gemeinsamen Gespräch

1. Mit wem identifizieren Sie sich stärker: mit Dave oder Jan? Wer von Ihnen fühlt sich durch das Gebet angezogen und wer von Ihnen eher abgestoßen?
2. Für wie wichtig halten Sie das Gebet im Leben eines Christen?
3. Haben Sie Ihre Eltern beten hören? Wissen Sie, ob sie miteinander gebetet haben? Hatten Sie als Familie Gebetsgemeinschaft? Haben Ihre Eltern Ihnen gesagt, dass sie für Sie beten?
4. Was mag das Haupthindernis sein, dass Paare nicht miteinander beten können?
5. Kennen Sie Freunde, die miteinander beten?
6. Welche Gebetsart haben Sie ausprobiert?

Vorschläge für das gemeinsame Gebet

Lieber himmlischer Vater,
wir wissen, wie wichtig es ist, dass wir mit Hilfe des Gebets
mit dir Gemeinschaft haben. Aber wir trauen uns nicht,
zusammen zu beten. Es ist uns peinlich.
Wenn einer über das gemeinsame Gebet reden will,
schweigt der andere dazu.
Oder wenn wir darüber reden, kommt uns alles Mögliche
in den Sinn und lenkt uns wieder vom Thema ab.
Kannst du uns helfen, dass wir es im Wirrwarr unseres Alltags
schaffen, ein paar Minuten für ein Gespräch über das Beten
abzuzweigen?
In Jesu Namen, Amen.

Lieber Vater im Himmel,
die Sache mit dem Gebet ist ganz neu für uns.
Wir wissen kaum, wie wir alleine beten sollen und haben
keine Ahnung, wie ein Ehepaar betet. Bitte, hilf uns,
dass wir uns nicht voreinander schämen. Gib uns Mut,

als Paar in deine Gegenwart zu treten. Wir möchten mit dir eine starke, ehrliche Beziehung aufbauen.
Danke im Voraus für deine Hilfe.
WIR BITTEN DICH IM NAMEN JESU. AMEN.

LIEBER GOTT UND VATER,
die Idee, miteinander zu beten, lässt uns nicht los.
Jeder von uns betet gern allein zu dir und wir wissen, dass du uns in deiner Nähe haben möchtest.
Nun ist es unser Wunsch, als Ehepaar gemeinsam zu dir zu kommen. Darum bitten wir dich, lehre uns, wie wir miteinander beten können, so wie du uns bereits gelehrt hast, allein zu dir zu beten. Hilf uns, regelmäßig Zeit zum Beten zu finden. Hilf uns, unsere Scheu zu überwinden, dass wir keine Angst haben, an der Seite unseres Partners mit dir zu reden.
Wir sind gespannt, was du in unserer Ehe bewirken wirst, wenn wir deine Nähe als Ehepaar suchen.
Danke, dass du uns so gut versorgt hast.
DIES BITTEN WIR DICH IN JESU NAMEN. AMEN.

2

Kraft für zwei

Wenn zwei unter euch eins werden auf Erden,
worum sie bitten wollen,
so soll es ihnen widerfahren von meinem Vater im Himmel.
Denn wo zwei oder drei versammelt sind in meinem Namen,
da bin ich mitten unter ihnen.
Matthäus 18,19–20 (L)

Dave: Eisiges Schweigen. Die Spannung war unerträglich! Da saßen wir, Jan und ich, sorgenschwer, verletzt und so verärgert, dass uns nichts mehr einfiel. Und das war nicht das erste Mal! Die Vertrautheit unserer Ohnmacht tröstete uns nicht. Unser halbwüchsiger Sohn war wieder einmal verschwunden! Dieses Mal wollten wir ganz bestimmt nicht die gleichen Fehler machen. Immer, wenn unser Sohn uns Sorgen machte, hatten wir uns darüber gestritten, was wir tun und wie wir uns verhalten sollten. Jan wollte eigentlich immer etwas tun, während ich der Meinung war, dass es schlichtweg nichts mehr zu tun gab. Dann wieder tauschten wir die Rollen: Jan gab jede Hoffnung auf. Ich geriet in Panik und meinte, es müsse doch noch irgendeine Möglichkeit geben! Wie oft schon hatten wir Gott um Hilfe angefleht!

Ich glaube nicht, dass wir unsere Ehe durch jene verzweifelten Jahre ohne Knacks gerettet hätten, wenn das tägliche gemeinsame Gebet nicht gewesen wäre. Unsere Gebetszeit am Abend, in der Dunkelheit, wenn die Gefühle so leicht außer Kontrolle geraten, wurde zu einem Ruheanker in unserer Zerrissenheit. In jener Zeit nahm uns Gott in seine Schule und wir profitieren bis heute beide von seiner Lektion.

Ganz sicher hatten wir uns seine Hilfe so nicht vorgestellt. Und doch war Gott im Laufe der langen dunklen Zeit nicht untätig. Wenn wir nicht mehr aus noch ein wussten, flehten wir zu Gott, haderten mit ihm und ärgerten uns über sein Schweigen. Sobald wir aber *miteinander* beteten, beruhigten wir uns und stellten erneut fest, dass Gott anwesend war. In unserer gemeinsamen Gebetszeit erkannten wir seine Souveränität und langsam wuchs in jedem von uns eine neue Einstellung. Natürlich war damit der Kampf nicht beendet. Doch wir konnten mit anderen Augen sehen, dass Gott die Dinge in der Hand hatte und handelte. Und wenn einer von uns die Perspektive verlor, brachte uns das Gebet zu ihm zurück. Gott handelte im Leben unseres Sohnes erst viel später, als wir es erwartet oder für richtig befunden hatten. Gott griff auf seine Weise zu seiner Zeit ein. Es war wunderbar, als wir das erlebten. Was uns in der *Zwischenzeit* geholfen und gehalten hat, war unser gemeinsames Gebet.

Vielleicht sind Sie gerade an dem Punkt, an dem wir damals gestanden haben. Ich kann mir keinen besseren Grund denken, als mit dem gemeinsamen Beten einen Anfang zu wagen. Es ist nie zu spät oder zu früh. Sie können auch in einer Krise zu beten beginnen, aber noch besser ist es, gemeinsam zu beten, bevor die Krisen kommen, damit Sie sich aufeinander und auf Gott einstimmen. Wir waren dankbar, dass wir mit dem gemeinsamen Beten begonnen hatten, bevor uns die Probleme mit unserem Sohn beutelten. Ich weiß nicht, ob wir stark genug gewesen wären, mit dem Gebet zu beginnen, als wir mitten im Dilemma saßen. Beginnen Sie deshalb schon heute!

Gemeinsam Beten

Die Worte Jesu in Matthäus 18 sind ein guter Start, wenn man den hohen Stellenwert des gemeinsamen Gebetes verstehen will. Was meinte Jesus, wenn er versprach: „Wenn zwei unter euch eins werden auf Erden, worum sie bitten wollen, so soll es ihnen widerfahren von meinem Vater im Himmel"? Stimmt das überhaupt? Haben wir nicht schon viel zu oft erlebt, dass zwei Menschen eins wurden vor Gott und für die Gesundheit eines Angehörigen beteten oder für die Bekehrung eines Freundes oder dafür, dass sich bestimmte Verhältnisse ändern, und doch wurden die Gebete im eigentlichen Sinn nicht erhört?

Dennoch hat Jesus diese Worte gesprochen. Darum muss auch das, was er sagte, eine besondere Wichtigkeit haben und es muss eine tiefere Bedeutung hinter seinen Worten stecken. William Barclay äußert in seinem Kommentar zu Matthäus: „Jesus belehrt uns in dieser Schriftstelle eindeutig, dass das Gebet nie selbstsüchtig sein darf und dass ein selbstsüchtiges Gebet keine Erhörung findet. Wir sind nicht zum Gebet aufgerufen ... wenn es nur um uns selbst geht, wir sind als Glieder eines Leibes zum Gebet aufgerufen, als eine Einheit. Das Leben und die Welt drehen sich nicht um uns als Individuen, sondern um die Gemeinschaft (Gesellschaft) als Ganzes."[4] Dieser Gesichtspunkt tut uns, die wir in einer extrem individualisierten Welt leben, gut. Barclay fährt fort und hebt hervor, dass es nicht auf die Größe der Gruppe ankommt. Jesus ist gegenwärtig, das steht fest. Selbst wenn er die Ehepaare nicht besonders nennt, so gilt diese Stelle doch auch uns als Paaren. Barclay sagt, dass „Jesus präsent ist, wo sich gläubige Herzen begegnen. Auf die Zahl kommt es dabei nicht an."[5]

Zweitens entdecken wir in diesem Bibelvers, dass unser Herr uns sagt: Es liegt eine unglaubliche Kraft im gemeinsamen Beten. Es ist eine geistliche Kraft, die uns einen geistlichen Kampf führen lässt, wenn wir uns zusammentun. Und das gilt nicht erst, wenn sich Hunderte versammeln, sondern bereits, wenn nur zwei Personen eins werden. Ganz sicher heißt das nicht, dass wir durch diese Kraft Gott befehlen können, was er zu tun hat, nur weil wir uns im Gebet zusammengeschlossen haben. Er ist und bleibt souverän und seine Antworten müssen nicht zwangsläufig unseren Wünschen und Bitten entsprechen.

Jan: Wir waren frustriert, obwohl wir als Ehepaar im Laufe der Jahre die Probleme mit einem unserer Kinder, die Dave vorhin erwähnt hat, gemeinsam annehmen lernten. Wir waren nicht nur eins im Gebet, wir taten gleichzeitig alles, um Voraussetzungen zu schaffen, in denen Gott sein Wunder wirken konnte. Wenn unsere flehentlichen Bitten nicht das brachten, was wir uns vorgestellt hatten, waren wir enttäuscht und ärgerten uns über Gott. Gott ist Gott. Das war die schwierigste Lektion, die wir zu lernen hatten. Weil wir an der wörtlichen Interpretation eines Bibelverses festhielten, wurden wir nicht souverän. Gott hat schließlich irgendwann geantwortet, aber auf seine Weise und zu seiner Zeit. Im Laufe der Jahre haben wir gelernt, dass sehr viel Kraft im gemeinsamen Gebet verborgen liegt. Trotzdem behält Gott die Fäden in seiner Hand. Er hört uns und er antwortet gern und will uns das geben, was wir brauchen, selbst wenn unsere Bitte nicht wortwörtlich erhört wird.

Viele von uns, die diesen Bibelvers in die Tat umsetzen wollen, greifen nach einem Freund oder einer Freundin. Das ist sicher nicht verkehrt. Aber warum beginnen wir nicht mit der Zweierschaft, die die Grundlage unseres Lebens ist? Denken Sie an Ihren Ehepartner, wenn Sie diese Gebetsverheißung lesen, und werden Sie mit ihm oder ihr eins im Gebet vor Gott. Diese unglaubliche Kraft, die denen verheißen ist, die miteinander beten, gilt vor allem betenden Ehepaaren. Einige Paare bemerkten in ihren Fragebögen, dass sie durch das gemeinsame Gebet als Paar viele bemerkenswerte Gebetserhörungen erlebt haben. Ein Paar schrieb: „Als wir vor einigen Jahren anfingen, gemeinsam zu beten, waren wir erstaunt, wie viel Nähe und Gebetserhörungen wir dadurch erfuhren."

Ein anderes Paar schrieb als Antwort auf unsere Frage: „Haben Sie Überraschungen im Verlauf Ihrer gemeinsamen Gebetszeit erlebt?" – „Ja, Gott hat mein Gebet – ein beachtliches Gebet – auf eine Weise erhört, wie ich es nie erwartet hätte. Wir hatten damals ein großes Problem mit unserer Firma. Ich dachte, ich hätte einen Ausweg gefunden, aber Gott hatte eine viel bessere Idee und für seine Lösung brauchte ich gar nichts zu tun – Gott hat die Lösung auf seine Weise ausgeführt."

Aus einigen Kommentaren der Ehepaare geht hervor: Wo Mann und Frau sich im Gebet einig sind, wird die Wirkung der Gebete verstärkt. Es ist wahr, Gott schaut ganz genau hin, wie jedes seiner Kinder betet. Wir werden gewarnt, wenn wir uns als Mann und Frau nicht einig sind. Im Englischen ist das Wort *agree* (zu deutsch *einig sein*) eng verbunden mit dem griechischen Wort, das Symphonie bedeutet. Das heißt: „im Akkord oder in Harmonie sein" oder „einer Meinung sein"[6]. Was für ein schönes Bild: Ein Mann und eine Frau, die in Harmonie miteinander beten! Petrus unterstreicht die Bedeutung des Einklangs in 1. Petrus 3,7 (HfA), wenn er den Männern im Blick auf ihre Ehefrauen schreibt: „Nichts soll zwischen euch stehen, das euch am gemeinsamen Gebet hindert." Die Bibel sagt somit, dass das erhörliche Gebet eine Harmonie zwischen Mann und Frau voraussetzt.

Geistliche Intimität

Durch das gemeinsame Gebet entsteht in einer Ehe geistliche Intimität. Interessant ist, was in der Schöpfungsgeschichte steht: Gott machte Eva nicht aus Erde wie Adam. Vielmehr schuf Gott Eva aus einem Körperteil Adams. Deswegen rief Adam freudig aus, als er seine Frau zum ersten Mal sah: „Das ist doch Bein von meinem Bein und Fleisch von meinem Fleisch!" (1. Mose 2,23 HfA). Der Schreiber geht noch weiter und beschreibt die Ehe als Grund für etwas ganz Neues: „Darum wird ein Mann seinen Vater und seine Mutter verlassen und seinem Weibe anhangen, und sie werden sein ein Fleisch" (Vers 24). Genau das ist das Geheimnis der Ehe: Wie können wir als individuelle Persönlichkeiten – die wir auch immer bleiben werden – eine allumfassende Einheit von Leib, Verstand, Emotionen, Seele und Geist bilden? Der Schlüssel dazu ist Intimität. Es war Gottes Absicht, dass wir in der Ehe diese umfassende Nähe erfahren.

Bei dem Wort *Intimität* denken viele zuerst an die sexuelle Intimität, doch das ist nur ein Teil. Denn schließlich gibt es neun weitere Intimbereiche. Dazu gehören:

1. Emotionale Intimität: Wir empfinden füreinander und miteinander.
2. Intellektuelle Intimität: Wir tauschen uns über unsere Ideen aus.
3. Soziale Intimität: Wir haben gemeinsame Freunde und unternehmen etwas mit ihnen.
4. Erholungs-Intimität: Wir treiben Sport und spielen miteinander.
5. Kreative Intimität: Wir schaffen etwas gemeinsam.
6. Intimität in einer Krise: Wir bewältigen Probleme und schlimme Dinge in unserem Leben.
7. Arbeits-Intimität: Wir teilen unsere Aufgaben.
8. Konflikt-Intimität: Wir erkennen unsere Differenzen und helfen uns gegenseitig, damit zu leben.
9. Geistliche Intimität: Wir beten miteinander.

Zwischen diesen verschiedenartigen Intimitäten entsteht nach einer Weile eine Wechselwirkung, aus der sich dann eine Beziehung entwickelt.

Wenn wir die geistliche Intimität besser verstehen wollen, ist es gut, noch einmal in den Garten Eden zurückzublicken, wie er in 1. Mose 2 geschildert wird, bevor die Sünde, verkörpert durch die Schlange, herankroch. Wir können uns gut vorstellen, dass Adam und Eva unberührt von Furcht und Scham in einer unbekümmerten Offenheit füreinander lebten. Und diese Offenheit zeigten sie auch Gott gegenüber. In der Abendkühle trat der Schöpfer zu ihnen und ging mit ihnen im Garten spazieren. Dabei erzählten die beiden ihm wahrscheinlich fröhlich, was sie am Tag erlebt hatten, und waren Gott dadurch besonders nah.

Ich kann mir nicht vorstellen, dass Gott in den Garten trat und abends erst mit Adam und danach mit Eva spazieren ging. Nach biblischer Schilderung war das ein Spaziergang zu dritt. Genauso hatte Gott sich die Ehe gedacht: Seine Menschenkinder haben untereinander eine vorbehaltlose Offenheit und unbeschwerte gemeinsame Beziehung zu ihm, ihrem Schöpfer.

Bis sich die Sünde einschlich. Adam und Eva widersetzten sich Gottes Anordnung und waren ungehorsam. Wir lesen in

1. Mose 3,6–7 (HfA): „Die Frau schaute den Baum an. Er sah schön aus! Seine Früchte wirkten verlockend, und klug würde sie davon werden! Sie pflückte eine Frucht, biß hinein und reichte sie ihrem Mann, und auch er aß davon. Plötzlich gingen beiden die Augen auf, und ihnen wurde bewusst, daß sie nackt waren." Außerdem fühlten sie sich schuldig und fürchteten sich. Sie versteckten sich, weil sie am Abend nicht mit Gott spazieren gehen wollten. Als Gott sie fragte: „Was habt ihr gemacht?", schob einer die Schuld auf den anderen für das, was sie willentlich getan hatten, und widersetzten sich Gott zum ersten Mal.

Scham, Schuld, Angst und Selbstverteidigung traten zwischen Adam und Eva und vernichteten ihre gegenseitige Offenheit und ihre Unbefangenheit gegenüber Gott. Diese Negativhaltung, die jede menschliche Beziehung und ganz besonders die Ehe überschattet und belastet, haben viele Autoren und Lehrer zu dem Schluss geführt, dass die Ehe für eine spirituelle Intimität zu kompliziert sei.[7] Vielleicht ist deswegen auch bisher nur sehr wenig über geistliche Intimität zwischen Ehepaaren geschrieben worden.

Wir haben festgestellt, dass ein Ehepaar ein Gespür für geistliche Nähe wiedergewinnen kann, wenn es versucht, das wieder aufzubauen, was Adam und Eva durch den Sündenfall zerstört haben. Es geht nicht in erster Linie darum, Scham, Schuld, Angst und Selbstverteidigung, die zwei Menschen in ihrer Ehe erleiden, zu beseitigen, sondern vor allem den Bruch zu kitten, der das Ergebnis der Sünde ist. Das gilt sowohl für unsere Partnerbeziehung als auch für unsere Beziehung zu Gott.

Weil wir die Unschuld, die Adam und Eva noch vor dem Sündenfall im Garten Eden hatten, nicht wiederherstellen können, sollten wir als Ehepaare und als Einzelne versuchen, die geistliche Intimität, die Adam und Eva mit Gott im Garten Eden pflegten, in etwa wiederzugewinnen. Wir sollten uns die Freude neu erobern, mit der sich Menschen durch ihre Nähe zu Gott freuen können.

Ganz viele Paare berichteten uns: „Seit wir miteinander beten und mehr Gespür für geistliche Intimität entwickeln, kommen wir uns auch körperlich wieder näher." Eine Frau drückte es besonders gut aus: „Wir stellen fest, dass, seitdem wir gemeinsam beten, wir uns auch körperlich wieder stärker zueinander hingezogen fühlen. Wir sind zufriedener und haben gelernt, die Bedürfnisse des Partners zu respektieren."

Eigentlich ist das auch nicht überraschend, denn sexuelle Intimität ist im Grunde eine wunderschöne Form der Kommunikation. Da ist es kein Wunder, dass mangelnde Gesprächsbereitschaft zwischen Mann und Frau sehr bald ihre körperliche Beziehung beeinflusst. Dave hat durch seine Erfahrung als Eheberater beobachten können, dass sich sexuelle Schwierigkeiten in einer Ehe beheben lassen, wenn ein Paar neu lernt, miteinander zu reden. Und durch das tägliche Gespräch mit Gott haben viele Paare gelernt, über Dinge zu sprechen, die vorher gar kein Gesprächsthema mehr für sie waren. Dass als ein Nebeneffekt die sexuelle Intimität intensiver wurde, hat viele Paare überrascht.

Geistliche Intimität wird in Matthäus 18 vor allem in Vers 20 versprochen. Jesus sagt: „Denn wo zwei oder drei in meinem Namen zusammenkommen, bin ich in ihrer Mitte (HfA)." Gott in unserer Mitte – ein unglaubliches Privileg! Die Juden haben einen ähnlichen Ausspruch: „Wo zwei beieinander sitzen und sich mit dem Gesetz beschäftigen, ist die Herrlichkeit Gottes in ihrer Mitte."[8] Wo ein Paar zum Gebet niederkniet, ist die Herrlichkeit Gottes in ihrer Mitte! Eine heilige, intime und herrliche Begebenheit!

Geistliche Intimität schafft Vertrauen

Das Thema Vertrauen gehört zu fast jedem Eheberatungsgespräch dazu. Wo das Vertrauen schwindet, schwindet die Intimität. Ganz gleich um welchen Intimbereich es innerhalb einer Beziehung geht, die Partner müssen einander vertrauen können. Intimität kann nur aus dem Vertrauen heraus wachsen. Aber umgekehrt gilt es genauso, dass dort, wo sich zwei Menschen einen Intimbereich schaffen, Vertrauen wächst. Sehr oft sind Intimität und Vertrauen eng miteinander verwoben.

Der größte Segen des Gebetes von Ehepaaren liegt unserer Erfahrung nach in dem gegenseitig wachsenden Vertrauen. Viele Paare haben uns das bestätigt. Ein Beispiel dafür ist das, was Gary J. Oliver, der Direktor eines Zentrums für Ehe- und Familienstudien an der John Brown University, in der März/April-Ausgabe 1999 der Zeitschrift *Ministries Today* (Der geistliche Dienst heute) veröffentlicht hat:

In erster Linie hat das regelmäßige gemeinsame Gebet
unsere Ehe nachhaltig verändert.
Beim Gebet mit Carrie erkenne ich ihr Herz und sie erkennt
das meinige. Das schafft Vertrauen.
Und Vertrauen vertraut jeden Tag, Woche für Woche.
Wir stehen jeden Morgen rechtzeitig auf, um gemeinsam
zu beten. Dabei bin ich überhaupt kein Frühaufsteher.
Unser Beten hat unsere Beziehung sehr belebt,
auch unsere Kommunikation. Aber am deutlichsten ist dadurch
unser Vertrauen zueinander gewachsen, und Vertrauen
ist eine ganz wichtige Voraussetzung für Intimität.
Kein Vertrauen – keine Intimität.

Geistliche Intimität wächst nicht von allein

In manchen Bereichen unseres Lebens wächst alles von alleine, das bringt die Zeit nun einmal so mit sich. Zum Beispiel werden wir älter, selbst wenn wir uns noch so bemühen, den Alterungsprozess aufzuhalten. Ein Kind wächst zu einem Teenager und Erwachsenen heran. Im geistlichen Bereich ist das anders. Da wächst nichts von alleine. Wir müssen das Wachstum planen und zulassen. Wir müssen uns zum Gehorsam gegenüber Gottes Wort entscheiden, um geistlich zu wachsen. Dazu gehört, dass wir die Bibel lesen, beten und Gott gemeinsam mit anderen Christen loben. Und nicht ohne Grund sagte Jesus seinen Jüngern gleich nach ihrer Berufung, wie wichtig der Gehorsam ist. Dabei ist Gehorsam immer freiwillig und wird bewusst eingegangen.

Das gilt auch für die geistliche Intimität in unserer Ehe. Ich befürchte jedoch, dass viele Paare glauben: Wenn jeder Partner für sich geistlich wächst, wird geistliche Intimität in der Ehe ganz von alleine gedeihen. Doch das ist ein Irrtum, denn was individuell in den Partnern wächst, wächst nicht gleichzeitig auch in einem Ehepaar. Deshalb müssen wir zuerst gemeinsam Gott gehorchen, wodurch wir Disziplin erlernen. Anschließend können wir dann gemeinsam Verhaltensweisen entwickeln, die uns weiterbringen. Dazu gehört das gemeinsame Gebet.

Aber das ist doch so schwierig

Es ist nicht einfach, geistliche Intimität innerhalb einer Partnerschaft zu schaffen. Und die Gründe dafür liegen nicht nur in der Scham, Schuld, Angst und Selbstverteidigung, die seit dem Sündenfall uns begleiten. Es gibt außerdem grundlegende Unterschiede, wie Männer und Frauen eine Sache angehen. Männer neigen dazu, alles sofort zu arrangieren, während Frauen erst einmal zuhören und reden. Das Problem, das sich daraus ergibt, liegt auf der Hand: Was kann ein Mann schon im Bereich der geistlichen Intimität arrangieren? Gar nichts!

Eine Frau schrieb uns:
Ich hatte Hemmungen mit meinem Mann zu beten.
Ich redete mit Gott und mein Mann nahm anschließend alles, wofür ich gebetet hatte, in die Hand und arrangierte die Dinge.
Ich glaube, das ist eine natürliche männliche Reaktion.
Aber so geht es nicht! Inzwischen bemüht mein Mann sich redlich, nur zuzuhören.

Zu zweit mit Gott reden und auf ihn hören schafft Nähe. Das liegt, wie diese Frau richtig bemerkte, Frauen viel mehr als Männern. Die meisten Männer fühlen sich dabei unterlegen und das verursacht naturgemäß Scham und Angst und provoziert Selbstverteidigung. Ein Mann, der diese Regungen spürt, zieht sich normalerweise in sich selbst zurück. Er muss allein über eine Lösung nachdenken.

Vergleichen wir, was passiert, wenn eine Frau Scham, Angst und Selbstverteidigung verspürt. Sie sucht sich normalerweise jemanden, mit dem sie darüber reden kann und der ihr zuhört. Auf diese Weise schafft sie sich eine ganz natürliche Intimität. Für jede Art von Intimität, und das gilt auch für die geistliche Intimität, gibt es zwei wesentliche Voraussetzungen: Erstens die Bereitschaft mitzuteilen, was in einem vorgeht, und die Bereitschaft, dadurch angreifbar und verletzt zu werden. Leider gilt das sowohl für die Frau als auch für den Mann. Gewöhnlich bedrängt derjenige, der reden will (normalerweise ist das die Frau, aber manchmal auch der Mann), den Partner. Das frustriert ihn und weckt bei ihm Schuldgefühle, daraufhin verteidigt er sich und erstickt damit jede Hoffnung auf geistliche Intimität.

Was Angst bewirkt

Es wird deutlich, dass beim Mann, aber auch bei der Frau, die Bereitschaft sich mitzuteilen und besonders die Bereitschaft, sich zu öffnen und dadurch verwundbar zu werden, Angst auslöst. Wir sind vielleicht dazu bereit, ohne Angst zu gehorchen und können uns vielleicht sogar angstfrei unterordnen, aber wir machen uns nicht ohne Angst verwundbar. Die Angst verhindert, dass wir uns bereitwillig verletzen lassen und verschließt jede Möglichkeit, etwas, das uns am Herzen liegt, unserem Ehepartner mitzuteilen. Nur wenn wir die Macht der Angst gebrochen haben, können wir die Freiheit entdecken und „mit Zuversicht und ohne Angst zu Gott kommen. Er wird uns seine Barmherzigkeit und Gnade zuwenden, wenn wir seine Hilfe brauchen“ (Hebräer 4,16 HfA).

Die Angst, die wir in unseren Herzen hegen, hält uns von anderen Menschen fern. Wir sichern uns ab und finden alle möglichen Wege, um die Konfrontation mit dieser Angst zu meiden. Geschäftigkeit ist zum Beispiel eine sehr verbreitete Möglichkeit, sich von einem Menschen zurückzuziehen. Doch es ist nun einmal schwierig, jemandem nahe zu kommen, der uns durch seine Geschäftigkeit meidet. Dabei ist es natürlich durchaus möglich, dass das, was dieser Mensch gerade fleißig schafft, auch getan werden muss.

Manchmal stoßen wir auch auf Grund unserer Angst den anderen durch Gereiztheit von uns weg. Ist es Ihnen schon aufgefallen, wie leicht der Partner gereizt reagiert, wenn etwas zu bereden ist, über das man nicht gerne spricht? Oder es stellt sich ein Gefühl der Ruhelosigkeit ein oder ein Unbehagen, das Sie etwas meiden lässt, was Sie oberflächlich betrachtet gerne tun möchten. Verweigerung wird ebenfalls aus der Angst geboren. In Kapitel fünf werden wir uns damit eingehend befassen und prüfen, welche Auswirkungen dies auf unser gemeinsames Gebet hat.

Wenn nur ein Ehepartner an einer Gebetsgemeinschaft interessiert ist?

Sollte nur einer von Ihnen an einer Gebetsgemeinschaft interessiert sein, ist es möglich, dass Ihr Partner im Grunde Angst hat. Derjenige, der ärgerlich reagiert oder schweigt, wenn das Thema Gebetsgemeinschaft angesprochen wird, könnte damit kaschieren wollen, dass er sich fürchtet. Jedes Benehmen eines Partners, das Distanz schafft, hat gewöhnlich seinen Grund in der Angst. Falls wir nur auf den Ärger oder sein Schweigen reagieren, können wir die wahre Ursache verfehlen.

Probieren Sie es einfach aus. Reagiert Ihr Partner ärgerlich, hüllt sich in Schweigen oder zieht sich zurück, dann fragen Sie ihn einfach: „Ich sehe, du bist sauer (oder willst nicht darüber reden). Fühlst du dich nicht wohl bei dem, worüber wir sprechen?“ (eine Möglichkeit, das Wort Angst zu umschreiben). Stellen Sie einen Unterschied zwischen der oberflächlichen Antwort und der Angst, die Sie unter der Oberfläche vermuten, fest, können Sie beide unterschiedlich reagieren.

Ist keine Angst im Spiel und Ihr Partner einfach nicht an geistlichen Dingen interessiert, sollten Sie sich unbedingt an die Worte des Apostels Petrus erinnern. Auch wenn er sich an

Frauen wendet, gilt das in der gleichen Situation ebensogut für Männer. Er sagt: „So wie wir uns Christus unterordnen, so sollen sich auch die Frauen ihren Männern unterordnen. Auch ohne viele Worte sollt ihr Frauen allein durch euer Vorbild eure Männer für Christus gewinnen, die bisher nicht an sein Wort glauben. Ein vorbildlicher Lebenswandel und die Achtung ihnen gegenüber wirken überzeugender als viele Worte“ (1. Petrus 3,1–2 HfA).

Dave: Ich erinnere mich an eine Zeit, als Jan und ich uns in einigen wichtigen Dingen nicht einig waren. Sie sagte zu mir damals: „Mach, was du für richtig hältst. Ich für mich werde alles tun, um Gott zu gefallen.“ Mehr sagte sie nicht dazu, aber das saß! Falls Ihr Partner im Augenblick nicht den Wunsch nach geistlicher Nähe verspürt, dann vertiefen Sie Ihre Beziehung mit dem Herrn und überlassen Sie die Sache Gott.

Und wenn der Partner nicht gläubig ist?

Eine Frau, deren Mann sich verpflichtete, täglich sechs Wochen lang mit seiner Frau zu beten, schrieb uns in ihrem Fragebogen zurück, dass ihr Mann nicht gläubig sei und dass sie völlig überrascht war, dass er mit ihr zusammen beten wollte. Sie ging darauf ein und beide beteten sechs Wochen lang täglich miteinander.

Er schrieb: *Ich bin kein echter Christ (das heißt, ich erkenne Jesus nicht als meinen Herrn und Retter an), aber ich bin geistlich interessiert. Ich suche einen Sinn für mein Leben und meinen Platz im Universum. Das Gebet mit meiner Frau hat mir geholfen, diesem Aspekt meines Lebens näher zu kommen.*

Und seine Frau fügte hinzu: *Ich habe mich sehr gefreut über seine Aufgeschlossenheit. Wenn wir diesen Lebensbereich doch richtig miteinander teilen könnten! Bisher haben wir unseren religiösen Glauben getrennt gelebt.*

Wer weiß, was Gott mit diesem Ehepaar noch vorhat, das sich so bereitwillig ihm öffnete! Der gemeinsame Gehorsam Gott gegenüber ist die Grundlage für geistliche Intimität. Paare, die beten, begegnen dem Herrn des Universums – Jesus Christus. Unser Ziel ist Gemeinschaft mit ihm zu haben. Und das ist auch ein lebenslanger Lernprozess für ein Ehepaar. Jeder Einzelne kann eine Beziehung zu Gott aufbauen. Wo zwei in der Ehe diese Gemeinschaft mit Gott suchen und pflegen, verdoppelt sich aber die Kraft.

In Kapitel acht werden wir noch einige Vorschläge machen, wie man mit dem gemeinsamen Gebet beginnen kann. Doch zuerst wollen wir uns noch einmal anschauen, was Paare durch das gemeinsame regelmäßige Gebet gelernt haben.

Fragen zum gemeinsamen Gespräch

1. Lesen Sie miteinander den Bibelvers vom Anfang dieses Kapitels (Matthäus 18,19–20). Was meinte Jesus Ihrer Meinung nach mit „wenn zwei darin übereinstimmen ..."
2. Warum glauben Sie, ist es wichtig für Mann und Frau, im Gebet einig zu sein?
3. Welche Beziehung hatten Ihrer Ansicht nach Adam und Eva zu Gott, bevor sie ihm ungehorsam geworden sind? Können Sie sich vorstellen, was sie miteinander sprachen, während sie mit Gott im Garten spazieren gingen?
4. Was stellen Sie sich unter dem Begriff „geistliche Intimität" vor?
5. Was stellen Sie sich unter „wenn das Herz zum Herzen spricht" vor?
6. Können Sie sich an eine direkte Antwort auf eines Ihrer individuellen Gebete erinnern? Sprechen Sie darüber! Kennen Sie direkte Antworten auf Gebete von Freunden oder Verwandten?

Vorschläge für das gemeinsame Gebet

Lieber himmlischer Vater,
in deinem Wort hast du gesagt, dass es wichtig ist, dass zwei oder drei übereinstimmen und dass du dann in ihrer Mitte sein willst. Es fällt uns in vielen Dingen sehr schwer, einig zu werden. Aber wir möchten gern herausfinden, was du gemeint hast, als du das sagtest.
Hilf uns, dass wir die Zeit finden, miteinander darüber zu reden.
Zeige uns, warum es für uns wichtig ist, gemeinsam zu beten.
Unser Leben ist so zerstückelt und hektisch geworden, dass wir uns nicht sicher sind, ob das etwas für uns ist.
Wir brauchen deine Hilfe dabei. Würdest du uns bitte einen klaren Kopf geben und die nötige Ruhe, damit wir über dich und was du von uns als Ehepaar willst, nachdenken können?
In Jesu Namen, Amen.

Lieber Vater im Himmel,
es gibt viele Dinge in unserem Leben, bei denen wir uns einig sind. Und es gibt einiges, da kommen wir einfach nicht auf einen Nenner. Vielleicht sollten wir mehr auf das Herz des anderen achten. Lass uns ruhiger werden, Herr, und einander besser zuhören, denn wir möchten einander besser verstehen. Hilf uns bitte, dass wir nicht voreilig losreden und reagieren und damit genügend Zeit zum Hinhören bleibt.
Und da, wo wir uns einig sind, kommen wir zu dir und bitten dich gemeinsam um … (aufzählen) Danke, dass du uns zuhörst.
Wir können es kaum glauben, dass du uns umsorgst und geduldig auf uns wartest, bis wir endlich mit dir reden.
Du hörst uns gerne zu. Dafür danken wir dir.
In Jesu Namen, Amen.

Lieber Gott und Vater,
wir haben nie richtig darüber nachgedacht, dass es für uns als Ehepaar wichtig ist, im Gebet eins zu sein. Wir haben immer gedacht, dabei ginge es nur um eine Gebetsgemeinschaft

mit Freunden. Jetzt ist uns klar geworden, dass wir als Paar gemeint sind. Darum, guter Gott, wollen wir von heute an gemeinsam mit dir sprechen. Wir wollen daran arbeiten, in dem, was wir vor dich bringen, miteinander übereinzustimmen, und zwar nicht nur bezüglich unserer Anliegen, sondern wir wollen gleichzeitig am Einklang innerhalb unserer Ehe arbeiten. Wir möchten eine starke Ehe führen und wir möchten diese Kraft in der Beziehung zu dir erleben. Es begeistert uns, dass du uns das auch wünschst und du versprochen hast, dass du in unserer Mitte bist, wenn wir miteinander in Harmonie sind. Vielen Dank für deine Verheißungen! Wir möchten lernen, dir unsere Liebe zu zeigen und dich noch mehr in unsere Ehe mit einzubeziehen.

DAS BITTEN WIR DICH IN JESU NAMEN. AMEN.

3

Beten und der Regen fällt

Elia war ein Mensch wie wir,
und doch erreichte er durch sein Gebet,
dass es drei Jahre und sechs Monate nicht regnete.
Dann betete er um Regen.
Da regnete es, und alles Land wurde grün
und brachte wieder seine Früchte.
Jakobus 5,17–18 (HfA)

Jakobus beschreibt in diesem Vers eine Geschichte aus 1. Könige 17. Elia sagte zu König Ahab, der sich von Gott abgewandt hatte: „Es wird in den nächsten Jahren weder Regen noch Tau geben, bis ich es sage!“ (1. Könige 17,1 HfA). Die Trockenheit sollte anhalten, bis Elia im Auftrag Gottes um Regen bitten würde. Alles geschah, wie Elia es vorhergesagt hatte. Es gibt Zeiten, da werden unsere Gebete offensichtlich erhört und Gott greift in eine schwierige Situation ein. Das geschieht nicht immer so plastisch wie bei Elia, aber die Antwort ist für alle Betroffenen deutlich sichtbar.

Wir haben bereits die Kommentare einiger Paare wiedergegeben, die erlebt haben, wie ihnen das gemeinsame Gebet durch Dürrezeiten hindurchgeholfen hat. Ein Paar fing mit dem gemeinsamen Gebet direkt nach dem Erntedankfest an, woraufhin es seine erste Weihnachtszeit ohne Ehestreit erlebte!

Das war für dieses Ehepaar unbestreitbar die direkte Folge ihres täglichen gemeinsamen Betens.

Ein anderes Paar schrieb: „Unsere tägliche Gebetszeit hielt uns trotz zerstörerischer Lebensumstände fest zusammen.“ Die Gebetsgemeinschaft umfasste diese beiden wie ein Band, das stärker war als alle äußeren Umstände.

Andere Paare berichteten von ganz besonderen Gebetserhörungen.

Les und Leslie

Les und Leslie Parrot leiten das Zentrum für *Relationship Development* (Entwicklung von Beziehungen) an der *Seattle Pacific University* und sie sind außerdem unsere Freunde. Ihr erstes Kind war eine Frühgeburt und wog nur 425,25 Gramm! Als es gerade geboren war, passte Les' Ehering dem Winzling mühelos über sein Händchen! Unvorstellbar, so ein zerbrechliches Baby. War ein Überleben dieses kleinen Menschen überhaupt möglich? Damals beteten wir und noch viele andere Menschen im ganzen Land für den kleinen John Leslie. Les schrieb auf, wie das Gebet ihrer Freunde sie durch diese traumatische Zeit getragen hat:

Alle Eltern, die eine schwere Schwangerschaft oder Krankheit mit einem Kind mitgemacht haben, kennen das unbeschreibliche Leid betroffener Eltern. Das Gebet war uns in dieser Zeit ein Geschenk, ohne das wir wahrscheinlich nicht durchgehalten hätten. Bis dahin hatten wir als Ehepaar nicht immer das gemeinsame Gebet – vor allem, wenn es unsere unterschiedlichen Bedürfnisse und Wesensarten aufdeckte – als Geschenk empfunden. Das änderte sich schlagartig. Ob wir uns beim Beten wohl fühlten oder ob einem von uns nicht zum Beten zu Mute war, ob die gestammelten Worte überhaupt unser Herzensanliegen zum Ausdruck bringen konnten – die Krise mit unserem winzigen John stürzte uns einfach Hals über Kopf in das gemeinsame Gebet. Unser Bedürfnis nach

Gebet überbrückte jeden Widerstand und ließ uns unsere unvollkommenen Gebete stammeln.

Die Ereignisse waren so überwältigend, dass sie uns buchstäblich in die Knie zwangen.

In unserer Krisenzeit hätten wir ohne das Gebet vieles nicht überstanden: zum Beispiel den Tag, als Leslie direkt aus der Arztpraxis ins Krankenhaus gefahren wurde, wo sie für den Rest der Schwangerschaft bleiben musste; der Bescheid des Arztes, dass das Kind in der achtundzwanzigsten Woche geholt werden müsse; der Anruf am frühen Morgen, dass wir sofort in die Klinik kommen sollten, wo John in seinem Brutkasten kaum noch 450 Gramm wog; die erschreckende Nachricht von einer Hirnblutung; von einer kollabierten Lunge; von einer gefährlichen Augenkrankheit. Jeder dieser Momente erforderte geballte Kraft, die wir ohne Gottes Gegenwart nicht gehabt hätten.

Und dann die unschätzbaren Augenblicke der Dankbarkeit! Jetzt verstanden wir, was Jesus empfand, als er ausrief: „Wenn diese Menschen Gott nicht preisen, so werden die Steine schreien." Es war der 28. Februar 1998, Sonntagabend, 23:30 Uhr. Der winzige Körper unseres John hatte den gefährlichen Schock überstanden und die Kurven auf den Monitoren stiegen langsam an, während Johnny nach fünf Tagen schrecklicher Spannung und Unsicherheit in einen erholsamen Schlaf fiel. Am 11. Juli 1998 wurde durch eine Untersuchung erkannt, dass sich Johns geschädigtes Augenlicht gebessert und ein Heilungsprozess begonnen hatte, der die bestehenden Schäden heilen würde. Die ungeheure Dankbarkeit, die uns in solchen Augenblicken ergriff und die einfachen gemeinsamen Dankgebete nahmen uns für immer das Gefühl, dass Beten eine Pflicht sei. Es ist eine Kraft, die uns befähigt, in Gottes Gegenwart zu leben.

Unsere wichtigsten Gebetszeiten waren für uns als Ehepaar die unspektakulärsten – ein Gespräch im Auto zum Beispiel, das in ein Gebet überging. Monatelang lag John im Krankenhaus. Die täglichen Fahrten zu ihm gaben uns Gelegenheit, viel zu beten. Manchmal war diese Gebetszeit aber auch von

Ungeduld begleitet: „Warum musstest du denn noch das letzte Telefongespräch führen? Wegen dir können wir John nicht rechtzeitig füttern!" Oder Eifersucht machte sich breit: „Heute darf ich John halten, weil du ihn gestern gehabt hast!"

Nachdem wir John endlich nach Hause holen durften, folgten viele Monate mit ganz normalen Tagen, angefüllt mit schmerzhaften Koliken, ständigem Geschrei, Erbrechen und Sauerstoffmangel. Auch jetzt war es das gemeinsame Gebet, das unsere Nöte, unsere Fahrten ins Krankenhaus, unsere sehnlichsten Wünsche begleitete und uns Kraft gab, selbstlose Liebe zu üben.

Ist uns immer alles gelungen? Nein. Aber bis heute treibt es uns täglich ins aufrichtige gemeinsame Gebet.

Wie schaffen es die Paare nur, die durch ähnliche Nöte wie Les und Leslie gehen müssen und die Kraft des gemeinsamen Gebets nicht kennen? Johnny ist größer geworden. Das Schlimmste ist überstanden. Doch der Kleine hat nach wie vor noch einiges nachzuholen und Les und Leslie wissen, wo sie Kraft und Geduld schöpfen können.

Don und Luciana

Don und Luciana Struthers sind ein ganz besonderes Paar. Wir lernten Don und Luciana in Gauteng, Südafrika, kennen. Beide sind zum zweiten Mal verheiratet. Während ihrer *Familienzusammenführung* brach ein unbeschreibliches Chaos aus, das vor allem die jüngste Tochter von Luciana heraufbeschwor. Die Ehe unserer Freunde schien nur aus Schwierigkeiten zu bestehen. Don berichtet darüber:

Die meisten von uns haben bestimmt erlebt, dass der Herr unsere Gebete entweder mit „Ja", „Nein" oder „Warte" beantwortet.

Den Ausschlag dazu geben die Lebensumstände, in denen wir uns gerade befinden und unsere jeweilige Einstellung.

Luciana und ich haben am liebsten sofort eine klare positive

Antwort auf unser Gebet. Inzwischen haben wir aber gelernt, Gottes Gnade gerade in einem glatten „Nein" oder „Wartet noch" zu erkennen. Und wir haben gelernt, dass Antworten auf die Gebete für unsere Kinder selten sofort eintreffen. Solche Antworten brauchen offenbar Zeit, und in dieser Zeit lehrt der Herr uns liebevoll, Geduld zu üben, durchzuhalten und uns mit seinem Willen in Einklang zu bringen, anstatt unseren eigenen Willen durchzusetzen.

1980 haben wir geheiratet. Luciana brachte aus ihrer ersten Ehe drei Kinder mit und ich zwei. Weder für uns noch für die Kinder war die Bildung einer neuen Familie einfach. Diese Schwierigkeiten wurden zusätzlich durch mein Alkoholproblem, an dem ich seit meiner Jugend litt, verschärft.

1984 haben Luciana und ich den Herrn Jesus als unseren Retter angenommen. Seitdem beten wir jeden Tag miteinander. Lucianas mittlere Tochter ist schon mit zwölf Jahren gläubig geworden. Jahrelang hat sie für ihre Mami und mich gebetet. Für sie waren wir eine Gebetserhörung. Das Hauptanliegen unserer gemeinsamen Gebete war unser jüngstes Kind, Lucianas Tochter, die damals ein starrsinniger Teenager war.

Nach einer heftigen Auseinandersetzung mit ihr verließ sie ohne eine Nachricht zu hinterlassen das Haus. Das war das erste große Herzeleid, das Luciana und ich als neugeborene Babys im Glauben vor unseren Herrn brachten. Anhand dieses Problems will ich aufzeigen, welche Kraftquelle das Gebet für uns beide damals war und bis heute für uns und unsere Kinder geblieben ist.

Obwohl ich mit meiner Bekehrung durch Gottes Hilfe meine Neigung zum Alkohol überwinden konnte, besserte sich dadurch mein Verantwortungsbewusstsein für die Familie nicht so rasch, wie wir uns das gewünscht hätten. Vielleicht war das sogar der Hauptgrund, warum Lucianas Jüngste lieber die Gesellschaft von verwahrlosten und rebellischen Jugendlichen suchte.

Es war ein Donnerstagabend, als sie uns verließ. Natürlich waren wir alle, ihre Mutter, ihre Schwester, ihr Bruder und ihr leiblicher Vater in heller Aufregung. Wir beteten um ihre Bewahrung und vor allem um Weisheit, wo wir mit der Suche beginnen sollten. Wir riefen Freunde an, suchten Plätze auf, wo sie sich in jener Nacht vermutlich aufhalten konnte, und suchten den ganzen nächsten Tag. Ohne Erfolg.

Am Samstagmorgen waren alle fix und fertig und wir stellten fest, dass wir uns in der ganzen Zeit keine Minute gegönnt hatten, um miteinander zu beten. Luciana und ich knieten erschöpft an unseren Betten nieder und schütteten unser Herz vor dem Herrn aus. Wir weinten und flehten ihn um Hilfe an. Dabei geschah es, dass „der Friede, der allen Verstand übersteigt", wie Paulus in Philipper 4,7 sagt, in unsere Herzen zog. Wir legten im Gebet unsere Last auf den Herrn und waren fest entschlossen, diese Last auch seiner liebevollen Fürsorge zu überlassen und sie uns nicht wieder aufzuladen. Unser gemeinsames Gebet half uns dabei, die Bürde tatsächlich bei Gott zu belassen!

Sie können sich bestimmt vorstellen, wie unaussprechlich unsere Freude war, als unsere Tochter eine halbe Stunde später anrief. Sie war nicht bereit zu sagen, wo sie sich aufhielt, aber immerhin hatte sie wahrgenommen, dass wir uns Sorgen um sie machten und hatte beschlossen, uns anzurufen und uns wenigstens zu sagen, dass ihr nichts passiert war.

Was war das für eine Erleichterung! Wir waren voller Dank und wussten, es war der Herr, der ihr den Anstoß gegeben hatte, uns als Antwort auf unser Gebet anzurufen.

Damit waren die Probleme ganz und gar nicht aus der Welt. Unsere Jüngste hatte sich mit einigen älteren Kids eingelassen, die Drogen nahmen. Als es uns endlich möglich war, sie aus dieser Clique herauszuziehen, folgten einige schwerwiegende Konfrontationen mit den übrigen Jugendlichen. In den darauf folgenden Jahren gab es noch viele Gelegenheiten für Luciana und mich, gemeinsam Trost, Weisheit und Kraft im Gebet zu suchen.

Die Lage besserte sich erst allmählich nach einem wirklich sehr unerfreulichen Zwischenfall. Wieder einmal verließ unsere Tochter aufmüpfig das Haus. Diesmal wollte sie gegen unseren Willen zu einem suchtkranken „Freund" ziehen. Im gemeinsamen Gebet gab uns der Herr eine extra Portion Mut, damit wir einen ganz festen Standpunkt gegen diese Freundschaft unserer Tochter einnehmen konnten. Wir trauten Gott zu, dass er die notwendigen Veränderungen herbeiführen würde, anstatt dass wir weiterhin auf unsere Weise einen Fehler nach dem anderen begingen.

Nach etwa zehn Tagen kam unsere Jüngste nach Hause, um einige Sachen zu holen. Luciana sagte ihr klipp und klar: „Du bist ausgezogen, bitte, geh dahin zurück, wo du hergekommen bist!" Ihre Tochter war geschockt. Das hatte sie nicht erwartet. Doch der Herr hatte uns befähigt, konsequent gegen ihr falsches Verhalten aufzutreten.

Einige Tage später kehrte sie zu uns zurück. Sie entschuldigte sich und wir können seitdem viel besser miteinander umgehen.

Gottes Antworten auf unser gemeinsames Beten zeigt sich heute deutlich im Leben unserer Tochter. Sie ist eine der wenigen, die diesen Ausbruch aus der Drogenszene ohne bleibenden Schaden überstanden hat. Einer ihrer Freunde aus dieser Zeit starb wenige Jahre später an einer Überdosis, ein anderer, den ich durch eine Entzugstherapie kennen lernte, kämpft immer noch mit der Sucht. Wir sind glücklich und dankbar, dass der Herr Lucianas Tochter beschützt hat. Was wir nicht zu hoffen wagten, geschah einige Jahre nach ihrem veränderten Verhalten: Sie nahm Jesus als ihren persönlichen Heiland an.

Heute haben Lucianas drei Kinder, meine zwei Kinder und viele Freunde von ihnen, ja sogar unsere beiden Expartner Jesus als ihren Retter angenommen. Ich selbst habe mich mehr und mehr in einem biblisch orientierten Wiedereingliederungsprogramm für Suchtgefährdete engagiert. Das ist mein Dank an Gott für das, was er aus meinem Leben gemacht hat. Und ich möchte anderen Menschen helfen, gar nicht erst die Fehler zu machen, die ich als Alkoholiker, Ehemann und Vater gemacht habe.

Luciana und mir wurde vor sieben Jahren ein gemeinsamer Sohn geschenkt. Wie unser himmlischer Vater uns durch dieses Kind seine Liebe greifbar gemacht hat, ist noch einmal ein Wunder für sich. Es ist ein Beispiel der Güte Gottes, wie er auf das Gebet des Einzelnen, aber vor allem auf unsere gemeinsamen Gebete gehört hat.

Heute können wir zu Gott mit viel Lob und Dank beten. Und wenn er nicht sofort „Ja" zu unseren Bitten sagt, bedeutet das für uns, er möchte, dass wir geduldig noch etwas länger auf seine Hilfe warten und ihm vertrauen. Besonders in diesen Wartezeiten haben wir viel Wertvolles für uns beide gelernt. Das gilt nicht nur für unser gemeinsames Leben auf dieser Erde. Eines Tages, wenn Jesus wiederkommt, um uns in sein ewiges Reich zu holen, werden wir seine Wege mit einem Blick erkennen.

Ray und Lois

Für Ray und Lois wurde das gemeinsame Gebet zu einem Katalysator, der ihre gebrochene Ehe geheilt hat. Ray und Lois waren bereits dreißig Jahre miteinander verheiratet, als Ray sich plötzlich auffallend veränderte.

Lois schreibt, wie das geschah:

Ich vermute, Ray hatte nicht nur eine einfache Midlife-Krise, sondern einen Midlife-Zusammenbruch. Es begann damit, dass er sich mit Freunden traf, die ich nicht kannte. Plötzlich gab es unerklärliche Lücken in seinem Zeitplan. Und wenn ich ihn danach fragte, wurde er ärgerlich. Er veränderte sich zusehends und ich begriff nicht, was mit Ray vorging. Jahrelang hatten wir zusammen in der Gemeinde verantwortlich mitgearbeitet. Er leitete eine Sonntagsschulklasse für junge Ehepaare und hatte viel Freude daran. Doch in dem Moment, in dem er diese Gruppe aufgab, wurde mir klar, dass etwas nicht stimmte.

Lois entdeckte, dass Ray mit seinen neuen Freunden Nachtbars und Strip-Shows aufsuchte. Daraufhin bat sie ihn auszuziehen.

Zunächst wollte Ray nicht begreifen, wo das Problem lag, doch nach sechs Monaten Singleleben sprach er sich schließlich mit seinem Pastor aus und willigte in eine Therapie ein.

Ray erzählt aus dieser Zeit:

Ein großes Problem für mich war mein Stolz und meine Sturheit. Ich konnte mir nicht vorstellen, wie Lois zu Mute war. Mir schien das alles völlig harmlos und gar nicht dramatisch. Wir amüsierten uns ein wenig, vielleicht ein bisschen pubertär, na ja. Aber das war doch überhaupt nicht das, was Lois aus der Sache machte!

Nun gut. Unser Pastor half uns durch eine ganze Reihe von Gesprächen und ich erkannte: Selbst wenn das Ganze für mich keine große Sache war, die Tatsache, dass Lois darunter litt, machte es zu einer großen Sache. Und schließlich sagte unser Pastor fast wörtlich: „Warum beten Lois und du nicht miteinander?“ Ich begriff zunächst gar nicht, was er damit meinte. Doch mein Stolz war zu dieser Zeit bereits gebrochen und ich hatte erkannt, dass meine Sturheit mir das alles eingebrockt hatte. Ich war zu allem bereit!

Als unser Pastor uns Mut machte, miteinander zu beten, willigte ich sofort ein und machte Lois den Vorschlag, miteinander zu beten, bevor wir wieder auseinander gingen. Der Blick von Lois auf diesen Vorschlag lässt mich bis heute innerlich erschauern! Sie wusste nicht, ob sie sich darüber freuen sollte oder ob das von mir nur eine Strategie war, wieder zu Hause einziehen zu können.

Ob es der Blick von Lois war, ich weiß es nicht, aber ich blieb entschlossen, die Sache mit dem gemeinsamen Gebet zu versuchen. Wir fingen an, mehr Zeit miteinander zu verbringen.

Und ich suchte tatsächlich nach Möglichkeiten, mit Lois zu beten. Dadurch entstand eine Intimität zwischen uns, die ich so noch nicht erlebt hatte. Durch das regelmäßige gemeinsame Beten unterrichteten wir uns kontinuierlich über alles, was uns beschäftigte: Über Arbeitskollegen, die uns verletzt hatten; wir freuten uns gemeinsam an unseren Kindern oder wir machten uns Gedanken über eine reifere Beziehung zueinander.

Während Lois für unsere Ehe betete, wurde mir deutlich, wie sehr ich meine Frau verletzt hatte. Ich konnte ihr Herz förmlich hören, während sie mit dem Herrn sprach, doch wenn sie mit mir direkt über dieselben Dinge redete, konnte ich sie oft nicht verstehen. Das war aber nicht alles. Ich glaube, ich lernte auch ihre emotionalen Bedürfnisse verstehen. Ja, ich habe sie wirklich besser verstehen gelernt. Und das war ganz sicher der Grund, dass wir wieder zusammengezogen sind. Heute beten wir täglich miteinander.

Lois stimmte Ray zu und ergänzte:

Unsere Gebetszeiten führen oft zu langen Konversationen, in denen Ray sehr offen und ehrlich mit mir spricht. Eigentlich war er immer der schweigende Denker. Was ich von ihm wusste, hatte ich in erster Linie durch seinen Sonntagsschulunterricht erfahren, den er sonntags abhielt und bei dem ich stets zugehört habe. Doch aus unseren gemeinsamen Gesprächen hatte ich bisher kaum etwas von ihm erfahren. Erst als wir anfingen, gemeinsam zu beten, während wir getrennt wohnten, hatte ich den Eindruck, meinen Mann endlich kennen zu lernen. Ich bekam ein klareres Bild von seiner Beziehung zu Gott und lernte seine Ängste, sein Unbehagen und generell das, was in ihm vorging, kennen.

Das half mir sehr, ihm neu zu vertrauen. Zunächst musste ich erst einmal glauben, dass die Veränderung in unserem Verhältnis, das Miteinanderbeten, echt war und nicht nur ein Mittel zum Zweck, wieder zu uns ins Haus zu ziehen. Es brauchte viele Monate. Endlich wagte ich es und lud ihn wieder in unsere Wohnung ein. Ich hatte richtig Angst, dass sich unser alter Stil wieder einschleichen könnte. Doch unser Pastor sagte zu mir: „Nur der Blick nach vorn lässt dich erkennen, ob seine Veränderungen echt sind. Das ist der einzige Weg."

Inzwischen sind vier Jahre vergangen. Das heißt, seit mehr als dreieinhalb Jahren beten wir täglich miteinander. Ich weiß nicht, ob wir ohne das gemeinsame Gebet wieder zueinander gefunden hätten. Die gemeinsamen Gebetszeiten halten uns zusammen. Alles Rätseln und Hoffen, was der andere eventuell fühlt oder denkt, sind dagegen belanglos. In dem Moment, wo wir miteinander die Hände falten und beten, fühle ich mich sicher und bin voll Vertrauen. Dann bin ich Ray ganz nahe.

Weitere Erfolgsgeschichten

Was Ray und Lois sagten, bestätigen auch andere Paare. Joe und Sharon nahmen an einem Seminar teil, das wir geleitet haben. Joe schrieb uns daraufhin:

Ich merkte, dass euer Vorschlag, miteinander zu beten, das Wichtigste war, was ich aus dieser Woche mitgenommen habe. Sharon und ich stellten fest, dass wir von wichtigen Gewohnheiten, die wir im Anfang unserer Ehe gepflegt hatten, abgedriftet waren. Wir hatten unsere Stille Zeit mit Gottes Wort und dem gemeinsamen Gebet vernachlässigt. Mir wurde plötzlich bewusst, dass wir uns dadurch voneinander entfernt hatten. Ich leite einen Bibelkreis für Erwachsene und halte auch unsere Famlien-Andacht. Doch auf einmal wurde mir klar, dass Sharon sich von mir vernachlässigt fühlen muss, wenn ich nicht regelmäßig mit ihr rede und bete. Vielen Dank, dass Gott mich durch euch an diese wichtige Wahrheit erinnert hat.

Sue und Mark fanden es im Anfang gar nicht leicht, miteinander zu beten. Zwar hatten sie sich auf das sechswöchige Versprechen eingelassen, aber sie brauchten sieben Wochen, bis sie einen Anfang damit wagten. Schon bald stellten sie fest:

Das gemeinsame Gebet macht uns bewusst, wie Gott in unser Leben eingreift. Es hat uns als Paar gestärkt, für das, was Recht ist, einzustehen und geradlinig miteinander unseren Weg zu gehen. Auch vorher schon wussten wir, dass Gott uns führt und segnet, doch heute sind wir uns bewusster, wie aktiv er auf unser Leben Einfluss nimmt.

Ein anderes Paar schreibt:

Wir können nun bei schwierigen Familiensituationen besser mit Stress umgehen. Wir haben Gebetserhörungen für unsere Kinder und für uns selbst erfahren. Wir fürchten auch nicht mehr die Kritik unseres Partners und sind selbstbewusster in unserem Denken und Handeln geworden. Das hat uns richtig aufgebaut.

Viele Paare wurden von den Antworten auf ihr gemeinsames Gebet direkt überrascht. Einige sagten, dass Gott auch früher schon ihre „Single"-Gebete beantwortet habe. Doch diese Gebetserhörungen hatten sie niemandem mitgeteilt und darum waren sie ihnen auch nicht bewusst geworden. Ihrer Ansicht nach gaben ihnen die gemeinsamen Gebete ein erweitertes Bewusstsein für Gottes Wirken in ihrem Leben. Von nun an beteten sie nicht nur gemeinsam, sondern sie sprachen auch über die Erhörung ihrer Gebete.

Manche bestätigten, ein gemeinsames Gebet sei kraftvoller. Irgendwie nahmen sie die Realität von den bereits zitierten Jesus-Worten wahr: „Wo zwei oder drei in meinem Namen versammelt sind, da bin ich mitten unter ihnen." Ein Paar bemerkte: „Gott hat in Lebensbereiche eingegriffen, für die wir gar nicht gebetet haben." Andere Paare sagten: „Wir spürten Gott tatsächlich in unserer Mitte" und „Nach dem gemeinsamen

Gebet haben wir Gottes Gegenwart in unserer Ehe und unserer Familie erfahren." Und ein Mann sagte: „Das Gebet meiner Frau gab mir eine ganz neue Perspektive von Gott."

Wir wissen, dass Gott jedem Paar auf eine ganz besondere Weise begegnet, wenn es sich einig wird, regelmäßig miteinander vor Gott zu treten. Aber, wie immer im Leben von uns Christen, es gibt kein Patentrezept, das die Erhörung unserer Wünsche garantiert. Im nächsten Kapitel erfahren Sie, was passiert, wenn „der Regen nicht fällt".

Fragen zum gemeinsamen Gespräch

1. Lesen Sie miteinander den Bibelvers, der über diesem Kapitel steht (Jakobus 5,17–18). Sprechen Sie darüber, was Elia Ihrer Meinung nach den Mut und die Kühnheit gab, um Regen zu bitten.

2. Finden Sie es in Ordnung, Gott um spezielle Dinge zu bitten oder zu beten, dass er die Umstände verändert?

3. Glauben Sie, dass Gott jedes Gebet erhört?

4. Warum glauben Sie, dass manche Menschen Antworten auf ihre Gebete erhalten und andere nicht?

Vorschläge für das gemeinsame Gebet

Lieber himmlischer Vater,
wir wissen, dass viele Menschen von Gebetserhörungen erzählen, aber wir haben diese Erfahrung noch nicht gemacht. Hörst du wirklich jedes Mal zu, wenn wir zu dir rufen? Wir sind durch harte Zeiten gegangen und haben manchmal gezweifelt, ob du dich überhaupt um uns kümmerst. Hilf uns, dich besser kennen zu lernen. Hilf uns zu lernen, wie du wirkst und besonders, wie du in unsere Lebensumstände hineinwirken kannst. Wir müssen das wissen. Wir bezweifeln, dass du dir aussuchst, in welche Situationen du eingreifst und in welche nicht. Unser Glaube ist schwach, doch wir möchten unseren Glauben stärken, aber wir wissen nicht genau, wie das geht. Führe du uns bitte.
In Jesu Namen. Amen.

Lieber Vater im Himmel,
manchmal sind wir so sehr verletzt, dass wir nicht einmal mehr beten wollen. Wir haben das Gefühl, dass du uns ganz fern bist und uns überhaupt nicht hören kannst. Wohin verschwindest du dann? Oder haben wir dich vielleicht verlassen? Das wollten wir eigentlich nicht. Doch manchmal ist unsere Lage so schmerzlich, dass wir uns von allen um uns herum zurückziehen. Hilf uns, dass wir lernen, wie wir in diesen schwierigen Zeiten in deiner Nähe bleiben können. Hilf uns, dass wir lernen, wie wir einander in solchen Zeiten besser helfen können. Wir möchten, dass unsere Beziehung zueinander fester wird. Lass uns auch in schwierigen Zeiten deine Gegenwart erkennen, wenn wir zu dir kommen. Danke, dass wir dich darum bitten dürfen und dass du unser Herz sogar besser verstehst als wir uns selbst.
In Jesu Namen. Amen.

Lieber Gott und Vater,
wir haben miteinander gesprochen und Rückschau auf unsere Ehe gehalten. Erst jetzt entdecken wir dein Handeln während

dieser schwierigen Zeiten. Wir waren uns nicht immer sicher, dass du bei uns warst, als es uns so dreckig ging. Aber im Nachhinein und durch den Glauben wissen wir, dass du uns getragen und mit uns gelitten hast. Diese harten Zeiten haben uns nicht gefallen. Allerdings wissen wir nicht, wie wir sonst so viel über dich, über uns und über andere gelernt hätten. Am liebsten würden wir dich bitten, ähnliche Nöte in Zukunft von uns fern zu halten, aber wir wissen auch, das wäre unrealistisch – das Leben ist eben so. Wir bitten dich stattdessen: Lass uns immer deine Hand erkennen; lass uns deine Gegenwart spüren und lass unsere Herzen dir in notvollen Zeiten noch mehr vertrauen. Danke, Herr, für die Lektionen, die wir gelernt haben. Und vor allem, danke für deine Treue zu uns.
IN JESU NAMEN. AMEN.

4

Gebete in der Dunkelheit

Gott selbst hat dafür gesorgt, dass ich mir auf diese unbeschreiblichen Offenbarungen nichts einbilde. Deshalb lässt er mich unter einer Krankheit leiden, die mir schwer zu schaffen macht. Es ist, als ob ein Engel des Satans mir ins Gesicht schlägt, damit ich nicht überheblich werde. Dreimal schon habe ich Gott angefleht, dass er mich davon befreit. Aber er hat zu mir gesagt: „Verlass dich ganz auf meine Gnade. Denn gerade wenn du schwach bist, kann sich meine Kraft an dir besonders zeigen."

2. Korinther 12,7–9 (HfA)

Nicht jede Geschichte endet mit einem Happy End. Es gibt Gebete, die werden einfach nicht erhört. Dabei spielt ihre Länge, die Zahl der Beter, die Intensität und Häufigkeit der Gebete keine Rolle. Sie werden nicht erhört! Wenigstens nicht auf die Weise, wie wir uns das gewünscht haben. Das war auch die Erfahrung des Apostels Paulus bezüglich seiner Krankheit, die ihm schwer zu schaffen machte. Und das kann auch unsere Erfahrung als betendes Ehepaar werden. Wir leben in einer Welt, die durch die Sünde verdorben wurde. Aus diesem Grund geschehen Dinge, die gegen alle Erwartungen laufen: Wir können unsere Arbeit verlieren oder unsere Ersparnisse. Wir können unseren Ehepartner verlieren oder ein Kind. Unabhängig von unserem Gebet kann unser Leben eine böse Wende nehmen, die wir uns in keinster Weise ausmalen möchten.

Wenn es in unserem Leben dunkel geworden ist, wird es schwierig, mit dem gemeinsamen Gebet zu beginnen. Wir sind zerbrochen, vom Schmerz verzerrt, ja, funktionsuntüchtig. Wie sollen wir in solchen Zeiten miteinander beten? Wie bereits früher von uns betont, ist das ein guter Grund, bereits heute mit dem gemeinsamen Gebet zu beginnen. In dunklen Nächten brauchen wir einen Menschen an unserer Seite, mit dem wir vor dem Herrn der Welt auf unseren Knien liegen. In solchen Zeiten wollen wir nicht allein beten.

Nicht weil wir meinen, das Gebet zu zweit habe mehr Überzeugungskraft, machen wir Ihnen so viel Mut zum gemeinsamen Gebet. Die Dunkelheit und die Stürme in der Nacht haben schlichtweg weniger Gewalt über uns, wenn wir uns dicht aneinander drängen. Gott hört unser Gebet, nur seine Antwort ist für uns oft anders als erwartet. Zweck des gemeinsamen Betens kann nicht sein, dass wir das Gewünschte als Ehepaar im Gebet um jeden Preis erringen. Sinn und Zweck des gemeinsamen Gebets ist vielmehr die intensive Beziehung zu Gott. Durch das Beten mit unserem Ehepartner festigt sich unsere gemeinsame Beziehung zu Gott und zueinander durch eine wachsende geistliche Intimität.

Hal und Lee

Hal und Lee Ezell sind unsere langjährigen Freunde. Wir schätzen an Hal besonders seine Bereitwilligkeit, jederzeit für alles und jeden mit uns zu beten. Bei fast jeder Gelegenheit sagt Hal: „Komm, lass uns darüber beten." Ungeachtet der Person betet Hal auf der Stelle mit jedem, der es gerade nötig hat. Lee, Autorin und Seminarleiterin, erzählte uns, was passierte, als sie und Hal zum ersten Mal miteinander gebetet haben.

Am Anfang unserer Ehe hatten wir keine Gebetsgemeinschaft,
obwohl wir uns redlich darum bemühten. Ich führte immer
das große Wort und, ob ihr es glaubt oder nicht,
Hal war der Ruhigere von uns beiden. Als wir dann endlich
anfingen miteinander zu beten, schnappte ich mir den Ball

und rannte los. Ich überschlug mich fast, so schnell spulte ich meine Gebetsanliegen herunter. Und dabei deckte ich bereits all unsere Anliegen ab. Erst als ich alles Gott vorgebracht hatte, schwieg ich, damit Hal wusste, dass jetzt er an der Reihe war. Aber ich hatte ihm nichts übrig gelassen.

Es dauerte jedoch nicht lange, und wir entdeckten: Man kann sehr gut beten, während man sich unterhält! Wie bei einer normalen Konversation fing einer von uns ein Thema an – zum Beispiel „Kinder" – und jeder von uns sagte etwas dazu. Zwischendurch trugen wir dann unsere Lasten und Bitten für die Kinder vor den Herrn. War das Thema zu Ende, gingen wir zu einem anderen Thema über, zum Beispiel sprachen wir über unsere Freunde, die mit Jugend mit einer Mission überall auf der Welt missionierten. Wir nannten Gott immer abwechselnd ihre Namen und das, was sie brauchten. Anschließend fühlten wir uns glücklich. Ich war auf diese Weise nicht allein davongestürmt und hatte alles abgegrast und wir waren auch keine Konkurrenten mehr. Jetzt war es Teamwork und so profitierten wir beide vom Gebet.

Lee verlor vor kurzem ihren Mann an Krebs. Viele Jahre lang hatten sie und Hal miteinander gebetet. Dann kam die Diagnose Krebs und sie beteten gemeinsam weiter. Es war eine leidvolle Zeit für uns alle, aber ganz besonders für sie, die gemeinsam mit Gott in der Dunkelheit gegen die Krankheit von Hal kämpfte. Lee sagte:

Ich beobachtete meinen Mann auf der Terrasse vom Abwaschbecken in der Küche aus. Der Onkologe hatte uns Hoffnung gemacht, dass man die Krankheit mit Chemotherapie austricksen könne. Also setzten wir unser ganzes Vertrauen auf Gott und baten ihn um Heilung. Und doch siechte Hals Körper zusehends dahin. Aber ich sah auch, wie sein Geist durch das Gebet fester wurde – besonders bei unseren gemeinsamen Gebeten. Er war ein lebender Beweis für 2. Korinther 4,16: „Wenn auch der äußere Mensch verfällt, so wird doch der innere von Tag zu Tag erneuert."

Unser gemeinsames Gebet hatte sich seit der Diagnose drastisch gewandelt. Ausgehend von Verzweiflung, über Bitten und Flehen zu Gewissheit und Vertrauen, lernten wir allmählich, den Willen Gottes in Ruhe zu akzeptieren. Wir blieben in ihm geborgen. Wir dankten für den Segen durch unsere Kinder und Enkelkinder. Wir dankten von Herzen für unsere geliebten Freunde, die uns umgaben, mit uns beteten und praktisch halfen. Wir lobten den großen Arzt und stellten uns in den Schutz seiner Behandlung. Wir vertrauten uns seinem Plan an.

Hal starb vierzehn Wochen nach seiner Krebsdiagnose. Der Geist Gottes hatte Hals Seele für ein anderes Königreich vorbereitet – für ein Königreich, wo Bitten in Lobpreis übergehen. Während ich an unserem Abwaschbecken in der Küche stand, hätte ich die Anzeichen erkennen und feststellen können, dass mein Hal sich auf seine himmlische Heimat vorbereitete – er lobte Jesus Christus.

Anfangs baten Hal und Lee Gott, dass er ein Wunder tun möge – sie baten ihn um Regen. Aber der Regen kam nicht. Stattdessen veränderte Gott ihre Herzen und verwandelte die Finsternis in ein besonderes Licht. Das ist keine große Hilfe oder Ermutigung, wenn jemand darum bittet, dass Gott die Dinge ändern möge. Aber es ist ein wichtiges Prinzip, das man nicht aus den Augen lassen sollte. Solange wir nur deshalb gemeinsam beten, weil wir etwas Bestimmtes von Gott haben oder erzwingen wollen, dass unser Ehepartner etwas für uns tut oder sich ändert, stehen wir ganz am Anfang des geistlichen Wachstums und der geistlichen Entwicklung. Reifer im Glauben werden wir erst, wenn unsere Blickrichtung sich ändert oder sich weitet. Wir hören nicht auf, Gott um etwas zu bitten, aber nach und nach fangen wir an, unser Gebetsverständnis zu erweitern, und dadurch entsteht allmählich eine wachsende Gemeinschaft mit Gott. Wir lernen Gott besser kennen, wenn wir aufhören, nur um die Erfüllung unserer Wünsche zu bitten.

Gillian und Mel

Gillian Weitsz ist eine Freundin, der wir in Südafrika begegnet sind. Ihre Geschichte gleicht der Geschichte von Lee. Auch für Gillian und ihren Mann fiel der Regen nicht. In ihrem Buch *Riding the Cancer Roller Coaster* (Ein Leben auf der Krebs-Achterbahn) schreibt sie:

Das Schlimmste, was ich erlebt habe, war der Tod meines geliebten Mannes. Wir waren achtundzwanzig Jahre glücklich verheiratet. Wie oft haben wir uns über Gottes Segen gefreut! Wir standen vor der Fülle unseres Lebens, von unseren fünf Kindern war bereits eine Tochter glücklich verheiratet. Wir erfreuten uns an einer niedlichen Enkelin. Eine finanziell gesicherte Zukunft lag vor uns, denn wir hatten umsichtig gewirtschaftet und sparsam gelebt. Jeder war in seinem Beruf erfolgreich gewesen. Das Leben hatte uns einige Nackenschläge versetzt, aber wir führten eine gute, liebevolle Ehe und waren nach achtundzwanzig Jahren immer noch die besten Freunde. Vor allem hatten wir gelernt, miteinander zu beten und spürten, dass wir uns geistlich sehr nahe gekommen waren. Das ist der Gipfel einer guten Ehe.

Eines Nachts, es war ein Feiertag, klagte mein Mann über einen kleinen Schmerz über dem Zwerchfell. Wir dachten beide an Stress. Vielleicht hatte mein Mann am Tag zuvor zu viel gearbeitet. Ein paar Tage später entwickelte sich bei ihm ein spastischer Husten, der jeden Tag schlimmer wurde. Mein Mann suchte also seinen Hausarzt auf. Dieser verschrieb ihm Antihistamine und Antibiotika. Bestimmt brauchte mein Mann eine kleine Erholungspause. Am Wochenende ging es so schnell bergab, wie sich das niemand von uns vorstellen konnte. Zuerst stellte man durch Röntgen fest, dass er Wasser in der Lunge hatte. Dann wurde eine Lungenbiopsie gemacht, falls Tuberkulose oder Krebs im Spiel sei. Mein Mann und ich fragten uns verwundert: „Wie ist so etwas möglich?“

Ich erinnere mich, dass mir, während wir auf das Untersuchungsergebnis warteten, der Gedanke kam: „So etwas kann doch mir oder uns nicht passieren. Anderen vielleicht, aber uns doch nicht!" Gott würde und könnte zu uns nicht so grausam sein. Wir hatten noch so viel vor. Ich versuchte zu beten, aber es war nur ein mechanisches Gebet und ich fragte verzweifelt: „Wo bist du, Gott?" Ich identifizierte mich mit David, der rief: „Mein Herz ängstigt sich in meinem Leibe, und Todesfurcht ist auf mich gefallen. Furcht und Zittern ist über mich gekommen, und Grauen hat mich überfallen" (Psalm 55,4–5 L).

Von jenem Tag an verschwimmt die Folge der Ereignisse vor meinen Augen. Täglich versuchte ich, mit dem Ansturm meiner Gefühle fertig zu werden. Ich wollte vernünftig sein. Aber ich konnte keinen klaren Gedanken fassen. Langsam sickerte die Nachricht, dass es keine Hoffnung auf Genesung gab – null Hoffnung, wie der Arzt sagte –, in mein Herz. Machten die Ärzte sich überhaupt klar, dass sie über meinen Mann sprachen? Den Mann, den ich liebte, den wunderbaren, liebevollen Familienvater mit seinen Qualitäten – Sensibilität, Zärtlichkeit und einem köstlichen Sinn für Humor?

Wir begannen mit der Behandlung und dem schrecklichen Auf und Ab, das alle Krebspatienten und ihre Familien durchleiden. Hoffnung und Verzweiflung, neue Hoffnung und noch tiefere Verzweiflung. Wir lasen alles, was wir über die Krankheit in die Hände bekamen und hängten uns an jeden Hoffnungsschimmer. Wir klammerten uns verzweifelt an unseren Glauben. Wir beteten und hofften. Heute weiß ich, dass nur Gott selbst uns Kraft und Durchhaltevermögen gegeben hat, alles zu ertragen, was uns auferlegt worden war. Wir waren so froh, dass wir schon im Anfang unserer Beziehung gelernt hatten, wie man gemeinsam betet. Ich weiß nicht, was wir sonst getan hätten. Das Gebet war unser Lebensfaden, unsere Verbindung mit Gott und miteinander.

Gott schenkte Mel und mir Zeit zum Lachen und Zeit zum Weinen. Wir sprachen über den Tod. Wir sprachen über meine Zukunft. Wir machten Pläne und weinten darüber. Gute Tage wurden zur Freude und schlechte Tage eine Herausforderung. Wir lasen in der Bibel und beteten laut. Das stärkte für den Augenblick unseren Glauben. Ich feilschte mit Gott und gab nach.

Wir hatten eine geistliche Nähe und gegenseitige Abhängigkeit von Gott entwickelt, wie nur wenige Paare sie erfahren. Wir gingen den schrecklichen Weg gemeinsam, indem einer den anderen tröstete. Wir lebten aus einer Kraft, die wir nicht für möglich gehalten hätten. Kleine Dinge wurden unglaublich wichtig. Wir waren so dankbar für unsere gemeinsame Zeit.

Wir beteten ohne Unterlass für Mels Heilung. Viele beteten mit uns. Warum hatte Gott unsere Gebete nicht erhört? Unser Pastor schlug vor, ich solle Gott entscheiden lassen, welche Art der Heilung er Mel geben wolle, und langsam gab ich nach. Ich wollte, dass Mel immer bei mir bleiben sollte, doch nicht in diesem Zustand, von Schmerz gequält und um jeden Atemzug ringend.

Das Ende kam in einer schlaflosen Nacht. Ich half meinem Mann ins Bett zurück und wusste, wie wertvoll jede Minute war. Er starb in meinen Armen und ich betete: „Herr, hilf mir, ihn in deine liebevollen Arme zu legen." Die Endgültigkeit des Todes machte mir unendlich zu schaffen. Wo war er? Was sollte ich ohne ihn anfangen?

Trauer ist wie eine Krankheit. Sie braucht lange Zeit, bis sie ausgeheilt ist. Doch niemand sagte mir, dass im Leid wunderbare Geschenke verwoben sind. Zum Beispiel: Prioritäten erkennen, ein neuer Glaube, Gott neu entdecken, Mut erproben, die Schärfung aller Sinne, das Leben als Geschenk erkennen. Aus dem Todeskampf entsteht der Reichtum des Lebens und eine Wahrnehmung, die die Bedeutung des Seins vertieft. Sie lässt uns „die Suche nach Sinn" besser verstehen, was nach Victor Frankls Ansicht der eigentliche Zweck des Lebens ist.[9]

Beide Berichte machen deutlich, wie das gemeinsame Gebet die Beziehung von Paaren festigt, während die Lebensumstände schlimmer nicht sein können. Die Nacht der Finsternis war über sie hereingebrochen. Die Antwort auf ihre Gebete war nicht so, wie sie sie erhofft und erfleht hatten. Und doch beschenkte Gott seine Kinder. Nicht jeder entrinnt der Dunkelheit – Gott hat nie versprochen, dass das Leben einfach sei –, aber er hat versprochen, mitten im reißenden Sturm neben uns zu stehen. Wenn wir ihm in solchen Zeiten treu bleiben, werden wir entdecken, dass Gott uns ein ganz anderes Geschenk macht – seine Gegenwart!

Wir sind von Gott enttäuscht

Für einige Paare wurde selbst das gemeinsame Gebet zur Enttäuschung. Ein Ehemann schrieb: „Wir brauchen Hilfe. Wir sind voller Ärger, Bitterkeit und Angst. Unser gemeinsames Gebet hat unseren Streit nicht beseitigt. Wenn wir zusammen beten, bekommen wir keine Antwort. Wir fühlen uns leer und unverstanden."

Eine Frau schrieb uns: „Mein Verhältnis zu meinem Mann hat sich in den letzten fünf Jahren nicht wesentlich gebessert. Wir bleiben noch zusammen, weil jeder von uns Gottes Gebot befolgen will, das Ehescheidung nicht zulässt. Aber im Innern bin ich tot. Bitte, beten Sie für uns."

Diese Frau berichtete, dass sie und ihr Mann versprochen hatten, sechs Wochen lang miteinander zu beten. Doch in den ersten Wochen war es ihnen kaum gelungen, zwei oder drei Mal miteinander zu beten. Sie fühlten sich nicht in der Lage, die Finsternis ihrer Gedanken zu durchdringen.

Enttäuschende Gebetserfahrungen, die ich persönlich gemacht habe, machen es mir oft schwer, mich Gott noch einmal im Gebet zu öffnen. Meinem Empfinden nach hat Gott versagt, weil er mein Gebet nicht erhört hat. Wer solche Erfahrungen gemacht hat, widersetzt sich dem Gebet mit dem Partner besonders stark. Zum gemeinsamen Gebet gehört, dass wir uns öffnen wollen, aber die Angst, dass Gott auch dieses Mal nicht antworten könnte und eine neue Enttäuschung droht, hält uns davor zurück. Dadurch wird unsere Enttäuschung gegenüber Gott immer größer.

Wie gehen wir damit um? Uns ist es wichtig geworden, dass wir uns gegenseitig erinnern: Der Grund unseres gemeinsamen Gebets ist nicht, „Gottes Arm zu bewegen", damit wir das erhalten, was wir wollen. Es war nicht leicht für uns, diese Lektion zu lernen und wir lernen immer wieder neu daran.

Dave: Vor einigen Jahren sind wir in einen Rechtsstreit geraten, weil der Mann, der unser Haus gekauft hatte, seinen Zahlungsverpflichtungen an die Bank nicht nachgekommen war. Mit der Zeit wurde die Sache immer komplizierter, aber wir waren überzeugt, dass die Wahrheit den Vorrang hat und wir unser Recht bekommen würden. Wir hatten einen Zeugen bei der Bank, der uns den Rücken stärken würde. Außerdem standen uns Freunde zur Seite und sprachen uns biblische Verheißungen zu. Darunter war auch Jesaja 54,17:

„Keiner Waffe, die gegen dich bereitet wird, soll es gelingen, und jede Zunge, die sich gegen dich erhebt, sollst du im Gericht schuldig sprechen."

Und aus Psalm 37,5–7: „Befiehl dem Herrn deine Wege und hoffe auf ihn, er wird's wohl machen und wird deine Gerechtigkeit heraufführen wie das Licht und dein Recht wie den Mittag."

Der Verhandlungstag näherte sich und wir versuchten unseren Zeugen zu erreichen. Da erfuhren wir, dass er soeben verstorben war. Wir haben diesen Rechtsstreit nicht nur verloren, sondern wir wurden vom Gericht sogar dazu verurteilt, Zahlungen für ein Haus zu leisten, das uns längst nicht mehr gehörte. Wir lernten, dass vor Gericht das, was als Recht bezeichnet wird, eine Frage der Definition ist. Wo war Gott? Warum hatte er uns nicht geschützt? Diese Fragen tobten in unseren Köpfen. Wir sprachen sie vor Gott immer wieder aus. Auch hier mussten wir erkennen, dass der Zweck unseres gemeinsamen Gebetes nicht darin besteht, Gott abzuringen, was wir für richtig halten. Es war viel wichtiger für uns zu lernen, uns Gottes Perspektive anzueignen – dass er in der Lage ist, für uns zu sorgen, selbst wenn die Umstände gegen uns sind.

Auch in diesem Fall lernten wir neu: Der primäre Grund des gemeinsamen Gebetes ist, die Beziehung zu Gott und zueinander zu vertiefen, das heißt, „Gott Gesellschaft zu leisten". Wenn wir uns daran immer wieder erinnern, werden wir mit der Zeit feststellen, dass die Bitte um Erhörung unserer Gebete, wie wir sie uns vorstellen und uns so sehr ersehnen, zwar der Schrei unseres Herzens ist. Über allem aber hat die Nähe zu Gott den Vorrang, weil wir dadurch gemeinsam die Souveränität Gottes wahrnehmen.

Fragen zum gemeinsamen Gespräch

1. Lesen Sie noch einmal die Schriftstelle, die über diesem Kapitel steht (2. Korinther 12,7–9). Warum ließ Gott es zu, dass der Apostel Paulus seine schlimme Krankheit nicht los wurde?
2. Warum beantwortet Gott einige Gebete positiv und andere negativ?
3. Wenn die Antworten auf unsere Gebete nicht so sind, wie wir sie erwartet haben, ist es dann in Ordnung, von Gott enttäuscht zu sein?
4. Haben Sie einen Angehörigen verloren oder kannten Sie einen geliebten Menschen, der Gott seine Heilung zutraute und nicht gesund wurde? Wie sind Sie damit umgegangen? Wie wurden Menschen in Ihrer Umgebung damit fertig?
5. Wie können Betroffene, die einen geliebten Menschen verloren haben, Gott weiterhin vertrauen, dass er seine Ohren nicht verstopft?

Vorschläge für das gemeinsame Gebet

Lieber himmlischer Vater,
wir können nicht verstehen, wie es möglich ist, dass du einige von uns so schlimme Schmerzen oder Verluste erleiden lässt und keinen Einhalt gebietest. Wie kann ein Gott der Liebe so etwas zulassen? Kannst du uns dabei helfen, das zu verstehen? Das ist der Punkt, wo wir nicht weiterkommen. Warum sollen wir gemeinsam eins werden und beten, wenn wir deine Antwort doch nicht beeinflussen können? Das ist wirklich schwer verständlich. Wir wissen, dass du irgendwie über allem stehst, aber wir brauchen Hilfe, damit zurechtzukommen. Wir möchten gern beten und wir möchten gern eine geistliche Intimität mit dir und zueinander schaffen, aber wir brauchen unbedingt deine Sichtweise dazu. Wir bringen uns gegenseitig durcheinander, wenn wir das Gebet zerreden, besonders wenn wir darüber reden, wie du Gebete erhörst. Es ist für uns sehr schwer, damit klarzukommen. Schenke du uns bitte deine Weisheit.
In Jesu Namen. Amen.

Lieber Vater im Himmel,
wir haben verstanden. Aber die Erklärung gefällt uns nicht. Du sagst, dass du uns geben wirst, worum wir bitten, wenn wir uns einig werden im Gebet, und doch wissen wir, dass das nicht immer unseren Erfahrungen entspricht. In solchen Zeiten hilft auch keine Erklärung. Herr, im Augenblick steht uns das Wasser bis zum Hals und wir brauchen dich und deine Hilfe. Wir brauchen dein himmlisches „Ja!" Mit einem „Nein" werden wir nicht fertig. Wenn wir als Ehepaar in deine Gegenwart kommen, sind wir ganz ehrlich und klagen dir unsere Not. Wir möchten dir vertrauen! Höre den Schrei unserer Herzen, Herr, und höre uns! Tröste uns! Antworte auf unser Flehen und wirke du ein Wunder! Wir wollen dir nicht vorschlagen, was du tun sollst, denn du allein bist der souveräne Gott. Hilf uns, in dir zu ruhen.
Im Namen Jesu. Amen.

Lieber Gott und Vater,
die Antwort „Nein" ist immer schwer zu ertragen. Schon als Kind war ein Nein hart für uns und auch noch als Erwachsene tun wir uns schwer damit. Ein Nein von irgendwem ist schlimm. Aber am schlimmsten ist ein Nein aus deinem Mund. Es hilft uns, wenn du uns den Grund dafür sagst. Allerdings wissen wir auch, dass du uns nicht oft den Grund nennst. Darum bleibt uns nur, dir zu vertrauen. Das möchten wir auch, Herr. Nur ist es unheimlich schwer, wenn wir existenziell auf eine positive Antwort angewiesen sind. Hilf uns, geduldig zu werden. Vor allem hilf uns, uns näher an dich anzulehnen und zu wissen, dass ein Nein von dir sogar ein Zeichen deiner Liebe sein kann. Wir möchten ein Paar sein, das dich kennt und dir vertraut. Wir erahnen, dass die Schule des Neins unser bester Lehrer sein kann. Hilf uns, gute Schüler zu sein. Wir lieben dich und danken dir, dass du uns liebst.
Im Namen Jesu. Amen.

Teil 2

Hindernisse erkennen

5

Strickjacken und Erbsen

Ich verstehe ja selber nicht, was ich tue.
Das Gute, das ich mir vornehme, tue ich nicht;
aber was ich verabscheue, das tue ich.
Römer 7,15 (HfA)

Jan: „Also gut. Hier hast du meine Aufstellung", sagte ich zu Dave. „Pullover, Erbsen, klingelnde Telefone, Brokkoli, einkaufen, lauwarmer Kartoffelbrei, Anrufe beantworten."

„Und was soll das? Versteh ich nicht."

„Also, noch einmal: Pullover, Erbsen, klingelnde Telefone, Brokkoli. ..."

„Alles Dinge, die ich nicht mag; alles, was ich meide."

„Nahe dran", bestätigte ich.

„Dinge, die mich auf die Palme bringen."

„Erraten!"

„Wie lustig!", brummte Dave und verzog das Gesicht. „Ich dachte, wir sprechen über das nächste Kapitel unseres Buches. Oh, ich verstehe. Es geht um Widerstände!"

Dinge, die unser Partner nicht mag, sind uns recht geläufig, denn wir begegnen ihnen fast jeden Tag. Zum Beispiel neulich erst: Dave und ich packten unsere Sachen. Wir wollten in die Berge fahren, wo wir ein Eheseminar halten sollten. Wie üblich verließ Dave unbekümmert das Haus, setzte sich ins Auto und ließ schon mal den Motor laufen. Dabei wartete er ungeduldig, bis ich alles Notwendige vor unserer Abreise erledigt hatte.

Unnötig zu erwähnen, dass es viel hilfreicher gewesen wäre, wenn er mich mal gefragt hätte, was noch zu tun sei! Dann hätte er nicht so lange im Auto auf mich warten müssen. Aber das nur nebenbei.

Das Wetter war ungemütlich. In den Bergen würde es richtig kalt sein. Ich beeilte mich, warf meine Taschen ins Auto und machte es mir auf dem Beifahrersitz bequem. Mit einem Seitenblick auf Dave schlüpfte mir auch schon eine Frage über die Lippen, die ich eigentlich gar nicht mehr hatte stellen wollen: „Meinst du nicht, dass du eine Strickjacke oder so etwas brauchst?“ Nun, das klingt für den Leser vielleicht belanglos. Doch diese Frage hat für uns Geschichte. Dave schaute mich von der Seite vorwurfsvoll an. „Hör auf, mich zu bemuttern!“, besagte sein Blick und er antwortete akzentuiert: „Nein, das meine ich nicht.“ Meine Reaktion auf diesen Tonfall: Ich schnappte ein, zog mich in mich zurück und fühlte mich verletzt. Nach etwa zehn Minuten Schweigen meinte Dave: „Dir darf man aber auch gar nichts sagen. Wenn ich dir zu verstehen gebe, dass mich etwas auf die Palme bringt, bist du beleidigt. Und du weißt genau, wie dein Schweigen mich nervt.“

Halbwegs versöhnt antwortete ich: „Ich frage dich ja nur, weil ich um dich besorgt bin.“ Und damit begann eine Diskussion, die wir, ich glaube, bereits hundertmal geführt haben.

Ich sagte: „Das hört sich für dich nach deiner Mutter an (ich verehre meine Schwiegermutter und schätze sie sehr), aber ich bin nicht deine Mutter und ich mag nicht, wie heftig du reagierst, nur weil ich dir eine kleine Frage stelle.“

„Du weißt aber doch, wie ich es hasse, wenn du mich nach Strickjacken fragst. Ich frage dich doch auch nicht, ob du eine Strickjacke brauchst!“, war seine Antwort. Und so geht das jedes Mal hin und her, während wir versuchen, unsere wechselseitigen Reaktionen zu verstehen, sobald wir auf Themen stoßen, die bei mir und ihm Widerstand auslösen.

Zu einem späteren Zeitpunkt kamen wir noch einmal darauf zu sprechen und stellten fest, dass hier ein Beispiel für ein Prinzip war, das Dave in seinem Berater-Training immer wieder wiederholte: „Schaut nicht nur auf die Oberfläche. Da steckt mehr dahinter.“ Wie oft habe ich Daves Antworten persönlich genommen, die oberflächlich gesehen eine Reaktion auf mich waren. Dabei weiß ich genau, wenn ich mir die Zeit nehme, darüber nachzudenken, dass sein Widerstand gewöhnlich durch frühere Erfahrungen ausgelöst wird und mit mir überhaupt nichts zu tun hat. Manchmal bezieht sich seine Reaktion auf Verhaltensmuster, die sich im Laufe der Jahre eingeschliffen haben. Wir glaubten, sie längst überwunden zu haben und plötzlich sind sie wieder da. Ein Aufbrausen ist trotz allem weder bei uns selbst noch bei dem Ehegefährten leicht zu ertragen. Es gibt eine ganze Menge, was mich hochgehen lässt, und die jeweilige Geschichte, die eigentlich hinter meiner Aggression steht, erzählt sehr viel über mich. Wenn ich dann diese Konfrontationen mit was und warum hinterfrage, so treten oft alte Bilder zu Tage, die ich mir nicht immer gerne anschaue. Sobald es eine Veränderung innerhalb einer Beziehung gibt – zum Beispiel eine Veränderung wie das gemeinsame Gebet –, tauchen alle möglichen Überlegungen auf und sehr oft auch Widerstände.

Widerstand hat ein kompliziertes Konzept. Das Wörterbuch definiert Widerstand als „Opposition oder die Kraft dagegen zu halten“. Mit einem kleinen Spiel lässt sich verdeutlichen, was Widerstand ist: Bitten Sie einen Freund, seine Hand zu öffnen. Dann nehmen Sie seine Hand und drücken dagegen. Ihr Freund wird fast immer automatisch gegen Ihre Hand drücken, weil er dem Druck widersteht und nicht verdrängt werden will. Wenn wir in unserem Seminar dieses Beispiel von einem Paar oder den Zuhörern demonstrieren lassen, fragen wir, warum sie eigentlich gegen die Hand drücken, wenn die Anweisung doch lautet, nur die Hand hochzuhalten. Die Antworten lauten dann meist: „Das weiß ich nicht!“ oder „Das ist doch ganz natürlich.“ Es liegt in der Natur des Widerstandes: Wir opponieren oder drängen zurück, wenn wir Druck verspüren.

Widerstand ist eine ganz natürliche und vor allem in Beziehungen unvermeidliche Reaktion. Trotzdem sind wir im Allgemeinen von diesem natürlichen und unvermeidlichen Widerstand, den wir spüren, überrascht, und das besonders, wenn er von unserem Partner ausgeht. Der Apostel Paulus kann sein eigenes Verhalten nicht verstehen, wie er in Römer Kapitel sieben schreibt. Er weiß, was er tun möchte und was für ihn gut ist, aber er kann das Gute nicht tun. Stattdessen stellt er fest, dass er etwas tut, was er gar nicht will. Am Ende des Kapitels ist er traurig, weil er sich dem Guten widersetzt hat. Die Folgen aus unserem Widerstand gegen das Gute sind nie positiv, und doch tun wir, was wir tun. (Natürlich sollen wir der Versuchung, dem Teufel und der Sünde Widerstand leisten, das heißt, wir sollen dem Bösen widerstehen aber bitte nicht dem Guten.) Es ist eine ganz wichtige Aufgabe für uns alle, dass wir lernen, mit dem sich in uns regenden Widerstand effektiv umzugehen. Und das gilt besonders für Ehepartner, die eine harmonische Ehe führen wollen.

Carol Anderson und Susan Stewart schreiben Folgendes in ihrem Buch *Mastering Resistance* (Mit Widerständen fertig werden):

Der Widerstand gegen Veränderung im Allgemeinen und Widerstand gegen Einflüsse im Besonderen tritt immer dann auf, wenn einzelne Menschen, Gruppen und Systeme aufgefordert werden, ihre eingefahrenen Verhaltensweisen den neuen Verhältnissen anzupassen.

Wenn Menschen nicht durch unvorhergesehene Ereignisse gezwungen werden, ihr Verhalten zu ändern, weil es lebensnotwendig oder nutzbringend ist, zum Beispiel bei Feuer aus einem Gebäude springen, bringen sie jede Veränderung über kurz oder lang auf den alten Stand zurück.[10]

Selbst Veränderungen, die uns gut tun, lösen Widerstände bei uns aus. Das gehört nun einmal zur irrationalen Natur des Widerstandes. Warum sollte sich aber jemand gegen etwas auflehnen, was er sich von Herzen wünscht? Warum benimmt sich Dave wie ein Saboteur gegen etwas, das ihm gut tut? Genauso wie ihm die Nähe gut tut, die er zu Jan sucht. Was Jan zu Anfang dieses Kapitels beschreibt, ist nicht einfach irrational. Es ist eine universelle Erfahrung.

Widerstand ist zum Teil deswegen eine vortrefflich wirksame Waffe, weil sie das Gegenüber trifft. Wenn Dave sich gegen Strickjacken oder Erbsen auflehnt, hat Jan den Eindruck, er lehnt sich gegen sie persönlich auf. Auch wenn Jan sich sagt: „Hier bin ich nicht gemeint!", ist sie trotzdem persönlich getroffen. Ist der Widerstand erst einmal personenbezogen, signalisieren die Alarmglocken des Kontrahenten: Zurückschlagen – also Angriff! Oder sie signalisieren: Rückzug! Der Partner schweigt. Er zieht sich in sich selbst zurück. Beide Reaktionen festigen und verhärten die Fronten.

Sucht also ein Paar eine tiefer gehende geistliche Intimität durch das gemeinsame Gebet, kommt es in der Regel in einem oder beiden Partnern zum Widerstand. Sie errichten Barrieren gegen das, was sie sich in Wirklichkeit wünschen. Leider gelingt es manchen Paaren nicht, diese Hindernisse zu überwinden.

Widerstand ist nicht gleich Widerstand

Der Widerstand ist deshalb so schwer zu brechen, weil er nicht allein steht. Widerstand ist Teil eines tiefgründigen Bildes. In einer Ehe entwickelt sich im Laufe der Zeit eine gemeinsame Geschichte. Niemand spricht über diese Geschichte – es ist einfach das, was man gemeinsam erlebt hat. Durch diese Erfahrungen entwickeln wir Verhaltensweisen, die uns angenehm sind. Das sind unsere Wohlfühlzonen. Selbst wenn wir sagen, wir möchten uns ändern, so haben diese Zonen einen ganz besonderen Stellenwert.

Ein sehr gutes Beispiel für diese unantastbaren Wohlfühlzonen wird in einem kurzen Ausschnitt der amerikanischen Fernsehserie Frasier deutlich. In einer Szene bereiten Martin, der Vater, und Daphne, die Familienhelferin, ein Frühstück. Viele Handgriffe sind sorgfältig aufeinander abgestimmt. Martin greift oben in den Kühlschrank, Daphne langt unten in den Kühlschrank. Der Toast springt aus dem Toaster, Martin schnappt zu, ruft: „Vorsicht, heiß!“ und lässt den Toast auf den Teller fallen, den Daphne schon bereithält. Das lässt den Zuschauer vermuten, dass sich dieses Ritual jeden Morgen wiederholt.

Doch dann ändert sich etwas. Martins gelbe Müslischüssel ist nicht zu finden. Daphne reicht ihm sein Müsli in einer roten Schüssel. Er zögert und fragt, was das soll, und jede Routine fällt in sich zusammen. Sie prallen am Kühlschrank gegeneinander. Der Toast fällt zu Boden und nichts klappt wie früher. Ihre Wohlfühlzonen haben sich verändert. Das Ergebnis ist Chaos. Bis sich eine gelbe Schüssel für Martins Müsli findet und das Gleichgewicht damit wiederhergestellt ist. Alles läuft wieder synchron.

Wo so etwas im Alltag passiert – und das passiert Tag für Tag, wenn auch nicht genauso deutlich wie im Fernsehstück –, ist der Widerstand gegen eine Veränderung nicht bewusst und geplant. Er ist das Ergebnis einer unbewussten Reaktion auf jede Veränderung, ja selbst auf eine Veränderung, die gewollt ist. Denken Sie daran: Widerstand besteht aus bewussten oder unbewussten Verhaltensweisen, die mit anderen Verhaltensweisen kollidieren. Dadurch wird jede Veränderung blockiert, selbst wenn diese den beiden Betroffenen gut tut.

Was steckt außerdem in diesem tiefgründigen Bild? Wir haben noch nicht darüber gesprochen, dass jede Veränderung Angst auslöst. Diese Angst ist größer als die potentielle Angst, die unserer Sicherheit dient. Sie wird durch jede Veränderung, auch wenn wir sie uns herbeigesehnt haben, ausgelöst. Unser *wohl einstudiertes* Benehmen gibt uns ein Gefühl der Sicherheit – die Dinge werden vorhersehbar. Als Paar handeln wir nach unausgesprochenen Regeln, die sich aus unseren Verhaltensmustern ergeben und jede Veränderung gefährdet unsere Sicherheit.

Einige Paare, die uns mit Hilfe des Fragebogens geantwortet haben, demonstrieren diese Tatsache. Ein Paar schreibt:

Als wir miteinander beten konnten, fühlten wir uns Gott und auch einander näher. Leider haben unsere guten Vorsätze nicht lange angehalten. Unsere Absicht war gut und wir machten eine Woche lang einen guten Anfang. Aber dann ließ das nach. Heute beten wir vielleicht zwei- oder dreimal die Woche. Obwohl jeder von uns täglich alleine betet.

Obwohl sie also regelmäßig täglich alleine beten und obwohl sie mit dem gemeinsamen Beten gute Erfahrungen gemacht hatten, waren sie nicht in der Lage, das regelmäßige Beten miteinander einzuführen. Sie waren nicht in der Lage, ihre unbewusste Abneigung gegen eine Veränderung zu überwinden. Sie sprachen nicht von Widerstand, aber was sie beschrieben, ist ein typisches Beispiel, wie man eine Veränderung meidet, um etablierte Verhaltensmuster aufrechtzuerhalten.

Ein anderes Beispiel gibt das Paar, das uns von seinen Familienschwierigkeiten erzählte. Es konnte mit anderen Menschen darüber beten, und offensichtlich betete auch jeder alleine dafür, aber es konnte nicht gemeinsam beten. Das hört sich komisch an, aber es ist ein klassisches Beispiel dafür, wie Widerstand wirkt. Irgendwie witterten sie im gemeinsamen Beten eine Veränderung ihrer Beziehung und die Furcht und Angst, die diese Veränderung bei ihnen auslösen könnte, übertraf den Wunsch, miteinander zu beten.

Stufen des Widerstands

Nicht jedes Paar reagiert gleich heftig auf Veränderungen. Eine Skala zeigt, wie der Widerstand in jedem Partner ablaufen kann. Dazu gibt es verschiedene Steigerungsstufen. Sie beginnen mit „passiv“ auf der linken Seite und reichen bis zu „rebellisch“ auf der rechten Seite. Das sieht in etwa so aus:

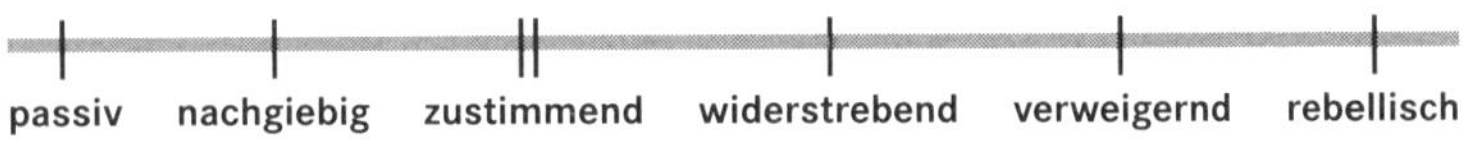

Zustimmend hat in unserer Reihenfolge die höchste Rangordnung. In diesem Fall will einer mit dem anderen kooperieren und positive Veränderungen in der Beziehung herbeiführen. Jedes Paar hat seine reibungslosen Zeiten, während denen eine Veränderung meist glatt verläuft. Anschließend werden beide äußern: „Das war ja gar nicht so schwierig.“ Und das stimmt auch. Neigt einer aber von zustimmend in Richtung links, landet er bei „nachgiebig“. Zunächst sieht das sehr positiv aus und manchmal mag das auch so sein. Aber im Grunde weiß niemand, was in einem nachgiebigen Partner vor sich geht. Tut er nur so als ob? Hat sie vielleicht Vorbehalte? Macht er sich seine eigenen Gedanken? Wie denkt sie in Wirklichkeit darüber?

Nachgiebigkeit ist vorübergehend in Ordnung, doch sie tendiert in der Regel mehr und mehr in den linken Bereich der Skala bis hin zur Passivität. Diese Art des Verhaltens kann einen Partner sehr frustrieren, denn nun geht die zunächst nachgiebige Ehehälfte lautlos, ohne etwas zu sagen, einen Schritt weiter und schweigt. Oft wird die passive Haltung von einer versteckten Wut begleitet, die sich in einem passiv-aggressiven Verhalten äußert. Damit lässt sich nur sehr schwer leben. Der passiv-aggressive Mensch sabotiert – im Gegensatz zur linken Seite der Widerstands-Entwicklung – selbst Wünschenswertes: Der passiv-aggressive Saboteur ist nicht mit dem, was der Partner tut, einverstanden. Je weiter sich jemand von der Mitte der Skala, von „zustimmend“, entfernt, umso frustrierender ist offensichtlich sein Verhalten und Benehmen dem Partner gegenüber.

Wandern wir nun von „zustimmend“ nach rechts, werden wir zunächst den Widerstand verspüren, den wir bereits beschrieben haben. Mit der Zeit wird sich dann der widerstrebende Partner verweigern und in aller Deutlichkeit ein klares Nein äußern. Sie sehen, es ist nicht gut, einem gesunden Partner strikte Grenzen zu setzen. Das ist Verweigerung! Beharrt einer von beiden nun auf seiner Verweigerung, kommt es weiter rechts zur Rebellion. Sie erwächst aus Widerstreben und Verweigerung. In diesem Zustand sagt der Partner nicht nur sein Nein zu dem wünschenswerten Guten. Der sich verweigernde Widerstand wird vielmehr zu einem Lebensstil in fast allen Situationen. Dieser Mensch sagt irgendwann nur noch zu allem: „Nein!“ Oft wird die Rebellion als egoistisch gesehen. In Wirklichkeit steht der Mensch jedoch unter dem Druck aller bereits ausgesprochenen Neins, denn schon lange hat er jede Entscheidung zu Gunsten des Nein aufgegeben. Auf dieser Seite der Skala befindet sich der einzige positive Fleck in der Nähe von „zustimmend“.

Viele Faktoren spielen eine Rolle, auf welcher Stufe der Skala Paare stehen. Wie bei Dave resultiert sehr viel Widerstand aus Kindheitserfahrungen. Bei anderen ist es vornehmlich ihr strenges Persönlichkeitsbild. Dabei spielen oft frühere Verhaltensmuster in der Ehe eine Rolle oder auch die Angst vor Nähe. Unterschiedliche Definitionen, was unter Nähe in der Ehe zu verstehen ist, können ebenso eine Rolle spielen. Der eine beschreibt Nähe als offen und verwundbar, der andere versteht darunter körperliche Nähe, sich gegenseitig berühren und eng aneinander geschmiegt auf der Couch sitzen.

Stimmungen und Ereignisse in einem Tagesablauf können mitbestimmen, wo sich ein Paar auf der Widerstands-Stufenskala befindet. Ein schlechter Tag im Büro kann aus einer nachgiebigen Frau eine widerstrebende Frau machen oder aus einem zustimmenden Ehemann einen sich verweigernden

Ehemann. Auch der Zeitfaktor spielt eine Rolle. Im Laufe der Jahre kann der zustimmende Mann und die zustimmende Frau zunehmend passiv oder widerstrebend, sich verweigernd oder rebellisch werden. Wir werden starrer mit der Zeit. Darum ist es für Paare, die miteinander beten wollen, am besten, sie beginnen bereits in der Verlobungszeit oder während der Flitterwochen mit dem Beten, denn normalerweise spielt in diesem Stadium der Beziehung Widerstand eine eher untergeordnete Rolle. Darum ist es leichter, wohltuende Gewohnheiten wie das gemeinsame Gebet eher früher als später einzuüben. Wenn der Widerstand beginnt, sind die Flitterwochen vorbei.

Widerstände überwinden

Dave: Wenn ich meine eigenen Verhaltensmuster betrachte, kann ich feststellen, wie sie mit meiner Wahrnehmung „Hilfe, ich werde kontrolliert!" in Beziehung stehen. Jans Frage: „Hast du an deine Strickjacke gedacht?", lässt in meinem Hinterstübchen die Worte „Achtung, Kontrolle" aufleuchten. Oder wenn sie mich nötigt, Erbsen zu essen (oder fast jedes andere Gemüse), dann kommt garantiert von mir: „Ich bin kein kleines Kind mehr und muss keine Erbsen essen, wenn ich keine Erbsen mag!" Ich empfinde das als Druck. Widerstand geschieht nach meiner Erfahrung und auf Grund dessen, was ich in der Beratungstätigkeit gelernt habe, entweder als Antwort auf Angst vor Veränderung oder, vielleicht noch deutlicher, als Antwort auf meine Wahrnehmung: „Hilfe! Da will jemand Druck auf mich ausüben." Ich habe extra „nach meiner Wahrnehmung" gesagt. Im Kopf weiß ich genau, dass Jan keinen Druck auf mich ausübt, wenn sie fragt: „Möchtest du deinen Brokkoli nicht essen?" Ich habe erkannt, dass sie manchmal meinen Brokkoli essen will, wenn ich ihn nicht mag. Aber wie wir bereits besprochen haben, ist Widerstand nicht rational zu fassen. Er lässt sich nicht von Fakten oder Logik bestimmen. Dass Jan vielleicht meinen Brokkoli essen möchte, ist nun mal ein Faktum, das bei mir nicht gespeichert ist. Bevor Logik oder Verstand sich einklicken, bin ich schon auf achtzig. So schnell geht das.

Was mir am meisten hilft, ist, wenn Jan ihre Frage beginnt mit: „Also, ich will dich nicht bedrängen, aber..." Das hört sich vielleicht komisch oder überflüssig an, aber bei mir hilft es. Manchmal, leider nicht allzu oft, gelingt es mir, zu mir selbst zu sagen: „Sie will ja nichts von dir, also bleib cool."

Wenn wir über Kontrolle reden, sprechen wir auch über Verantwortung. Wenn Jan mich nach Strickjacken oder Erbsen fragt, habe ich das Gefühl (bitte beachten Sie „das Gefühl"), dass sie die Verantwortung für etwas übernimmt, was ich selbst besorgen kann. Darum leuchtet bei mir „Hilfe, ich werde bemuttert!" auf. Wer einen gesunden Erwachsenen bemuttert, entzieht ihm die Verantwortung für etwas, das er sehr gut selbst in die Hand nehmen kann. Jan mag zwar nicht davon überzeugt sein, dass ich selbst entscheiden kann, ob ich eine Jacke brauche oder nicht, aber meiner Meinung nach kann ich diese Verantwortung sehr wohl übernehmen. Für unsere Beziehung ist es das Beste, wenn wir ausgewogen miteinander interagieren und dabei müssen Kontrolle und unsinnige Verantwortung für den Partner im Hintergrund bleiben. Und das gilt, glaube ich, für alle Paare.

Wenn Sie bei Ihrem Partner Widerstand gegen das gemeinsame Beten feststellen oder auch gegen alles andere, selbst wenn es um Strickjacken und Erbsen geht, schauen Sie sich die folgenden Vorschläge an, damit Sie Ihre Diskussionen diesbezüglich entschärfen können:

1. Prüfen Sie, wogegen Sie wirklich Widerstand leisten. Vielleicht lehnen Sie sich gegen Ihren Partner auf. Die Intensität Ihrer Abwehr wird Ihnen zeigen, dass es um mehr geht als um Ihre gegenwärtige Diskussion. Bei Dave war es seine besorgte Mutter, die ihn immer genötigt hat, sein Gemüse zu essen. Bei anderen war es vielleicht eine keifende Mutter, die sie belauert und wegen jeder Kleinigkeit bestraft hat. Wenn

Sie nicht alleine herausfinden, wem Sie in Wirklichkeit Widerstand leisten, sprechen Sie mit Ihrem Partner darüber, vielleicht weiß er die Antwort.

2. Falls Sie herausgefunden haben, gegen wen Sie opponieren, sprechen Sie darüber, was in der Vergangenheit geschehen ist, das Sie als Kind unter Druck gesetzt hat. Sprechen Sie mit Ihrem Partner über aktuelle Situationen und versuchen Sie, Ihre Gefühle zu beschreiben, besonders Angstgefühle, die Sie damals hatten oder noch empfinden, wenn Sie daran denken.

3. Wie Dave vorgeschlagen hat, versuchen Sie die alten Verhaltensmuster zu beachten, bevor Sie Ihrem Partner Vorschläge machen. Und dann stellen Sie den Satz voran: „Ich möchte dich nicht unter Druck setzen, ich möchte nur wissen, ob ...“ Das hilft immer. Ist es nicht erstaunlich, wie ein kleiner Satz einen Widerstand brechen kann?

4. Wenn Sie miteinander sprechen, beten Sie zwischendurch gemeinsam. Oder der zuhörende Partner betet für den Partner, der in seiner Erinnerung forscht, dass Gott ihn von seinen Verhaltensmustern aus der Vergangenheit befreit.

Im nächsten Kapitel ist von den Barrieren die Rede, die sich jedem Paar in den Weg stellen, das versucht, seinem Versprechen gerecht zu werden, sechs Wochen miteinander zu beten. Dann denken Sie daran, dass Widerstand bei jeder Begrenzung eine Rolle spielt. Außerdem sollte man unbedingt daran denken, dass der Widerstand bei unserem Partner nicht persönlich gemeint ist, auch wenn bei ihm ein roter Knopf anspringt. Erinnern Sie sich, dass die Wurzel des Widerstandes entweder Angst vor Veränderung oder Angst vor Kontrolle ist. Widerstand ist nie zu vermeiden. Wenn Sie Widerstand spüren, bringen Sie die Sache auf den Tisch und suchen Sie nach den Wurzeln. Beten Sie gemeinsam darüber und dann machen Sie den nächsten Schritt!

Fragen zum gemeinsamen Gespräch

1. Lesen Sie miteinander die Bibelstelle am Beginn dieses Kapitels (Römer 7,15). Was glauben Sie, hat der Apostel Paulus gemeint, wenn er sagte: Das Gute, das ich will, tue ich nicht, aber das, was ich nicht will, das tue ich?

2. Warum verbrauchen wir Menschen so viel Energie, indem wir uns dem Guten widersetzen?

3. Welche Rolle spielt der Widerstand bei Ihnen in der Beziehung zu anderen Menschen? Nennen Sie Dinge, die Sie nicht mögen. Ist dabei etwas, das auch Dave nicht mag?

4. Was macht Veränderungen so schwierig, besonders Veränderungen, die unsere Ehe betreffen und verbessern könnten?

5. Wenn Sie sich die verschiedenen Widerstandsstufen anschauen, von denen wir in diesem Kapitel gesprochen haben, können Sie ein Beispiel aus Ihrer Erfahrung nennen, das einige dieser Stufen illustriert?

6. Woher resultiert Ihrer Meinung nach Ihr eigener Widerstand? Warum ist es wichtig herauszufinden, was Ihren Widerstand auslöst?

Vorschläge für das gemeinsame Gebet

Lieber himmlischer Vater,
wir wissen nicht genau, warum jeder von uns einen Widerwillen gegen Veränderungen hat, die unsere Ehe verbessern könnten, besonders gegen etwas so Positives wie das gemeinsame Gebet. Wir sind so menschlich, und das verstehst du sehr gut, weil du unser Schöpfer bist! Aber manchmal haben wir das Bedürfnis, gegen fast alles zu kämpfen und besonders gegen das, was Offenheit von uns verlangt. Bitte, schenke uns Einsicht in unsere Erfahrungen aus der Vergangenheit, die unserem Widerstand gegen positive Veränderungen zu Grunde liegen könnten. Sollten es unbewusste Ängste sein, würdest du uns bitte dabei helfen, dies zu klären? Hilf uns, auf die Veränderungsängste des anderen zu achten und gib uns Mut, miteinander darüber zu reden.
In Jesu Namen. Amen.

Lieber Vater im Himmel,
wir machen uns Gedanken, wie schwierig es für uns war, tief greifende Änderungen in unserem Leben zu schaffen. Wir verstehen langsam, dass wir nur widerstrebend etwas verändern wollen, weil wir Angst vor dem Unbekannten haben. Wir fühlen uns wohl auf unseren ausgetretenen Pfaden und, offen gesagt, wir fürchten uns, uns dir zu öffnen, weil dann die Möglichkeit besteht, dass du von uns etwas verlangen könntest, das uns nicht gefällt. Uns geht es gut und wir haben den Eindruck, dass wir soweit alles ganz gut alleine schaffen. Aber in deinem Wort lehrt uns Jesus, dass unser Leben paradox abläuft – wir müssen unser Leben verlieren, damit wir es gewinnen. Bitte, lass uns begreifen, wie das geschehen soll. Wir wollen es gern wagen, dir und einander näher zu kommen, doch wir brauchen dich, damit du in uns arbeitest und unseren Glauben stärkst. Wir wollen deiner Kraft vertrauen, die uns durch alle dunklen Zeiten trägt, die auf uns zukommen können. Wir bitten dich um Mut, uns voll und ganz auf dich zu verlassen.
In Jesu Namen bitten wir dich. Amen.

Lieber Gott und Vater,
wenigstens einer von uns mag es nicht wahrhaben, dass wir Dickköpfe sind. Vielleicht wollen wir das beide nicht. Wir wissen es wohl, aber wir wollen es nicht zugeben, nicht einmal uns selbst gegenüber. Darum, Herr, gestehen wir es vor dir ein und bitten dich, dass du uns hilfst, uns selbst besser zu verstehen. Gib uns bitte den Mut, dass wir nach den Wurzeln unseres Widerstandes suchen. Gib uns die Freiheit, dass wir miteinander über solche Wurzeln reden können und uns gegenseitig helfen, die Wurzeln auszugraben, damit wir die Freiheit gewinnen, zu handeln, wo wir wirklich handeln wollen. Gib uns Geduld für unseren gemeinsamen Weg und gehe du, Herr, bitte mit uns. Wir sind dir so dankbar, dass du zu unserem Ehebund dazugehörst, und wir bitten dich, dass wir deine Gegenwart umfassender in schwierigen Lebensbereichen wahrnehmen. Danke, Herr, für deine Treue und dass du uns so liebst, wie wir sind.
Im Namen Jesu, Amen.

6

Wir möchten zwar gern, aber ...

Jona machte sich auf den Weg –
aber in die entgegengesetzte Richtung!
Er floh vor dem Herrn.
Jona 1,3 (HfA)

Es ist nicht einfach, vor dem Herrn zu fliehen. Jona hat das schmerzhaft erfahren. Und obwohl wir Beispiele wie Jona in der Bibel finden, das heißt Menschen, die schwierige Wege geführt wurden, und obwohl wir die Folgen kennen, widersetzen wir uns dem Guten. Es ist nicht leicht zu sagen, ob Jona eher rebellisch oder widerspenstig war, doch die Konsequenzen bleiben die gleichen: Er wurde von einem großen Fisch verschlungen. Für uns besteht die Konsequenz darin, dass wir jedes Gespür für Nähe verlieren. Wir treiben unseren Widerstand zwar nicht unbedingt so weit, dass wir unserer Partnerin oder unserem Partner tatsächlich davonlaufen oder dem, was Gott von uns möchte; und doch finden wir immer wieder Ausflüchte, das nicht zu tun, was wir in Wirklichkeit gerne tun möchten.

Unsere Widerspenstigkeit hat viele Gesichter. Einige Paare, die sich bereit erklärt hatten, miteinander zu beten, schrieben uns, dass es ihnen nicht möglich gewesen war, ihrer Verpflichtung nachzukommen. Und sie erzählten uns auch ihre Gründe, indem sie beschrieben, was sich ihnen in den Weg gestellt hat, als sie versuchten, miteinander zu beten. Sie waren nach außen hin zwar nicht rebellisch, aber ihnen widerstrebte zutiefst, etwas zu tun, was sie sich schon lange gewünscht hatten. Andere, die nur zum Teil erfolgreich waren und entweder ganz kurz miteinander gebetet hatten oder nur ein- oder zweimal in der Woche, konnten genauer beschreiben, was sie am gemeinsamen Gebet gehindert hatte. Nachstehend einige Barrieren, die ihnen den Zugang zum Beten versperrten:

„Wir sind einfach zu beschäftigt"

Die meisten Probleme der Paare hatten mit ihrer Geschäftigkeit zu tun oder, wie sie es oft nannten, mit *Zeitnot.* Ein Paar bezeichnete die Zeit sogar als einen Tyrannen. Eine Ehefrau und Mutter schrieb: „Mit drei kleinen Kindern im Alter von sechs Jahren und darunter war es extrem schwierig, Zeit zu finden, in der mein Mann und ich zusammen beten konnten ohne einzuschlafen."

Sie hatten versprochen, sechs Wochen lang täglich miteinander zu beten. „Sieben Wochen", so schrieb sie, „hat es gedauert, bis wir damit beginnen konnten. Drei Wochen lang ist es uns gelungen. Als wir dann aber erst einmal damit angefangen hatten, war es viel leichter, zusammen zu beten, als wir es erwartet hatten. Vielleicht waren unsere Ängste vor dem gemeinsamen Gebet sogar ein größeres Hindernis als die Zeitnot. Doch dann nahmen die Anforderungen in der Familie wieder zu und wir waren so in Anspruch genommen, dass wir komplett vergaßen, miteinander zu beten."

Andere berichteten: „Wir waren durch unsere Arbeit so beschäftigt, dass wir, obwohl wir miteinander beten wollten und wussten, dass es gut für uns ist, es nicht geschafft haben." Eine Frau meinte: „Ich wusste, dass das tägliche gemeinsame Gebet für uns zum Segen sein würde, besonders in den gegenwärtigen Lebensumständen. Wir beten sehr oft mit anderen, aber nur sehr selten als Ehepaar allein. Ich weiß nicht, warum das so ist, außer, dass wir sehr müde sind und meist vom Schlaf überwältigt werden."

Ein Ehepaar schrieb: „Wenn wir nach dem Abendbrot mit der Familie Andacht gehalten haben, mögen wir später am Abend als Ehepaar nicht noch einmal miteinander beten. Wir sind dann einfach nicht mehr motiviert. Mit der Familienandacht ist unser Bedürfnis, mit Gott zu reden, abgedeckt." Die Anforderungen der Familie hatten ihr Versprechen, miteinander als Ehepaar zu beten, überrollt. Immer häufiger ist Geschäftigkeit ein Grund, dass Veränderungen im gemeinsamen Leben gemieden werden.

„Wir möchten alles ganz anders machen"

Die individuelle Persönlichkeitsstruktur des Partners und sein dadurch bedingter Lebensstil sowie seine Erwartungen spielen beim gemeinsamen Gebet ein wichtige Rolle. Die Unterschiedlichkeit der Partner kann unter Umständen ihren guten Willen völlig untergraben.

Nehmen wir einmal an, der Mann betet jeden Tag zur selben Zeit für sich allein, vielleicht sogar früh am Morgen. Man könnte die Uhr nach seinem Zeitplan stellen. Tabellen und Pläne sind sein Lebenselement und in diese Struktur gehört für ihn auch das gemeinsame Gebet. Seine Frau hat jedoch einen völlig anderen Lebensstil. (Es ist interessant, wie oft ein strukturierter Typ einen nach allen Seiten hin offenen, spontanen Menschen heiratet.) Sie betet während der Gymnastik, beim Autofahren oder auch unter der Dusche. Es gibt für sie keine feste Zeit, nur die Tatsache, dass sie regelmäßig betet.

Es fällt einem nicht unbedingt schwer sich vorzustellen, welche Probleme es schafft, wenn diese beiden vollkommen unterschiedlichen Personen nach einer gemeinsamen Gebetszeit suchen. Nach einigen frustrierenden Versuchen werden sich beide wahrscheinlich von dieser Aufgabe völlig zurückziehen, weil der Partner einfach das nicht auf die Reihe bringt, was *Sinn macht.* Und womöglich wird man nicht mehr darüber reden. Oder aber die Schuld, die jeder bei sich selbst verspürt, wird einer dem anderen zuschieben, obwohl die eigentliche Ursache der unterschiedliche Lebensstil ist.

Wenn Charaktere so weit auseinander driften, sind Kompromisse angesagt. Der Versuch, die Dinge entweder so oder so zu regeln, ohne die Unterschiedlichkeit zu berücksichtigen, muss scheitern. Die Lösung liegt irgendwo in der Mitte. Natürlich wird keiner von beiden mit der Lösung völlig glücklich sein, doch nur durch einen Kompromiss lässt sich eine Lösung des Problems finden. Und wenn Paare sich daran halten, werden sie feststellen: Es gelingt. Kompromisse sind ein Weg, die Bedürfnisse des anderen wahrzunehmen. Sie sind in diesem Fall die einzige Möglichkeit, mit der sich gemeinsame Ziele erreichen lassen.

„Wir haben unterschiedliche Schlafgewohnheiten“

Unterschiedliche Schlafgewohnheiten und Arbeitszeiten sind ein weiteres Problem für Paare, die miteinander beten wollen. Einer geht gern früh zu Bett und der andere bleibt gerne lange auf. Meistens ist das morgens umgekehrt. Für diese Paare ist es schwierig, eine Zeitspanne zu finden, in der sie gemeinsam beten können. Eine Frau, sie war eine wahre Nachteule, bat ihren Mann, sie einfach zum Gebet zu wecken, sie könne ja anschließend weiterschlafen. Ihr Mann schrieb an den Rand ihrer uns zugedachten Notiz: „Wir werden sehen, wie lange sie das durchhält.“ Er musste morgens um 5:40 Uhr das Haus verlassen!

Es gibt einige Paare, die ihre unterschiedlichen Schlafgewohnheiten auf ähnliche Weise regulierten. Ein Mann, der ebenfalls morgens früh zur Arbeit muss, darf seine Frau rechtzeitig wecken, damit sie noch Zeit zum Beten haben, bevor er das Haus verlässt. Sie halten das inzwischen schon über ein Jahr durch. Ein anderes Paar löste das Problem, indem der Mann seine Frau, die ein Nachtmensch ist, bei dem, was sie gerade tut, unterbricht. Dann beten sie zusammen und er geht anschließend schon zu Bett. Auch wir machen das häufig so, wenn Jan abends noch fleißig ist und weiß, dass es für sie später wird. Sie unterbricht ihre Arbeit und betet mit Dave.

„Wir sind einfach zu faul“

Einige Paare meinten, sie müssten ihre eigene Faulheit überwinden. Dieses Wort benutzten sie sogar selbst!

Ja, das ist wahr: Es ist anstrengend, regelmäßig miteinander zu beten. Die Paare waren hier ganz ehrlich. Viele gestanden, dass sie, weil sie uns ihr Versprechen schriftlich gegeben hatten, sich stärker bemühten, ihre innere Trägheit und die Macht der Gewohnheit zu überwinden, um Zeit zum Beten zu finden. Vielleicht war das, was sie Faulheit nannten, einfach ein Ausdruck für „ihre Bequemlichkeit aufgeben“.

Neben der Faulheit gaben andere an, dass sie das Beten einfach vergessen hatten. Manchmal verließ sich diesbezüglich einer auf den anderen und dann dachte keiner von beiden mehr an die Gebetszeit. Weil sie sich verpflichtet hatten, kamen diese Paare schließlich doch wieder auf ihren guten Vorsatz zurück und begannen noch einmal mit dem regelmäßigen Beten.

„Es ist mir peinlich, mit meinem Partner zu beten“

Einige Paare schrieben uns, dass sie sich vor dem gemeinsamen Beten fürchteten, besonders vor dem lauten Beten. Eine Frau sagte, sie möge es nicht, wenn jemand, besonders ihr Ehemann, sie beten höre, und fügte hinzu: „Beten ist so persönlich. Ich habe Angst, diesen besonderen Intimbereich zu öffnen, in dem ich so sehr verletzlich bin. Ich fühle mich mit meinen Schwächen vor meinem Mann bloßgestellt.“

Wir haben bereits von der Frau gesprochen, der es peinlich war, mit ihrem Mann zu beten, weil er, sobald sie Gott ihre Nöte geklagt hatte, seine Lösungen bereits für sie parat hielt. Sie fasste schließlich all ihren Mut zusammen und sprach mit ihm darüber. Daraufhin wurde ihr Mann vorsichtiger und versuchte nicht mehr, Gott bei seinen Gebetserhörungen zu helfen.

Dave: Ich glaube, auch für mich war die Sicherheit beim Beten ein großes Problem. Nicht weil Jan mich verunsicherte. Doch ich hatte so meine Schwierigkeiten mit dem Vertrauen und mochte niemanden so ganz dicht an mich heranlassen. Es war leicht, alle möglichen Ausreden zu finden, aber tief im Innern, glaube ich, hatte ich Angst, dass Jan mich in diesem sehr intimen Bereich kennen lernen würde. Ich wollte mir vor ihr keine Blöße geben. Damals hätte ich einen solchen Verdacht strikt verneint. Immerhin konnte ich mir als Mann nicht leisten, Angst zu haben. Und doch gibt es keine andere Erklärung für meine damalige Zurückhaltung.

Ein Paar, von dem ich bereits erzählt habe, beschrieb das gemeinsame Gebet als „geistliches Bloßstellen“. Wir haben bereits miteinander über die besondere Verletzlichkeit durch das gemeinsame Gebet gesprochen, das ein großes gegenseitiges Vertrauen voraussetzt. Nun ist aber in der Ehe die Fähigkeit, dem Partner zu vertrauen, normalerweise nicht zwangsläufig angelegt. Das Vertrauen ist vor allem von uns selbst abhängig, es sei denn, es ist etwas vorgefallen, was das Vertrauen zerstört hat. Das Vertrauen an sich war für mich im Grunde auch keine Schwierigkeit, das heißt, solange mir keine Nähe abverlangt wurde. Es gibt nichts, was mich daran hindern würde, Jan zu vertrauen. Sie war also nicht das Problem. Genauso gut konnte ich auch meinen Freunden vertrauen, obwohl es mir schwer fiel, mich engen Freunden wirklich anzuvertrauen. An der Vertrauenswürdigkeit anderer Menschen lagen meine Vorbehalte also nicht. Im Gegenteil: Es hätte mir also leicht fallen müssen, meinen Nächsten zu vertrauen. Das Problem lag bei mir.

Meine Vertrauensfähigkeit wurde in meiner Familie geformt. Nun stamme ich aus einer sehr distanzierten Familie, was mir bis zu meiner Heirat gar nicht bewusst geworden ist, denn ich fand meine Familie ganz normal – es gab für mich auch keinen Vergleich. Hätte ich behauptet: „Meine Familie ist herzlich“, wäre das meine eigene Erfahrung gewesen. Aber mit der Zeit stellte ich im Vergleich zu anderen Familien fest, dass meine Familie nicht herzlich war, denn Gefühle wurden nicht gezeigt.

Als ich heiratete, nahm ich mir vor, mehr emotionale Nähe zu leben als mir aus meiner Familie vertraut war. Stattdessen stellte ich jedoch fest, dass in mir alle Glocken Sturm läuteten, wenn von mir etwas erwartet wurde, das emotionale oder geistliche Nähe schaffen konnte. Ich fand schnell einen Weg, mich von dem, was ich mir im Grunde wünschte, wieder zurückzuziehen. Ich verweigerte mich meinen eigenen Wünschen. Schließlich musste ich, wie ich schon gesagt habe, die Kröte schlucken und meiner Angst ins Gesicht schauen. Ich durfte nicht mehr auf meine Alarmglocken hören und musste mich auf ein Terrain wagen, auf dem ich mich sehr unsicher fühlte und Angst hatte. Erst dadurch lernte ich, wirklich Vertrauen zu fassen und die Nähe zu erfahren, die ich mir so sehr wünschte.

„Wir haben zu viele Konflikte in unserer Ehe"

Konflikte und gemeinsames Gebet wurden von den Paaren auf unterschiedliche Weise bewältigt. Ein Paar erzählte, sie hätten einen *Waffenstillstand* geschlossen und das Gebet wäre einen Tag ausgefallen. Die meisten berichteten, dass sie besonders nach einem Ehestreit nicht miteinander beten konnten. Am nächsten Tag, wenn die Sache sich erledigt hatte oder durch ein Gespräch bereinigt worden war, klappte auch wieder das gemeinsame Gebet.

Ein Paar schilderte seine Situation folgendermaßen: „Wir hatten uns gestritten, beteten aber trotzdem zusammen und stellten fest, dass wir durch unser Gebet versuchten, den anderen *anzupredigen.* Natürlich ging das daneben, denn wir hatten unseren Streit nur maskiert und ihn Gebet genannt. Diese *Gebetspredigt* nötigte uns dann aber dazu, über unser Problem miteinander zu reden."

Eine Frau schrieb uns, wie das Gebet sie nach einem Streit mit ihrem Mann erleichtert hatte. Vollkommen frustriert hatte sie an diesem Morgen überhaupt nicht mit ihrem Mann beten wollen. Doch Gott hatte sie daran gehindert, ihrer natürlichen Neigung nachzugeben. Sie schrieb:

Es war früh am Morgen und Zeit für das gemeinsame Gebet. Doch heute sträubte sich alles in mir. Ein Keim der Bitterkeit gegen meinen Mann war über Nacht in mir gesprossen. Nach einer unruhigen Nacht und gestörtem Schlaf war ich nur allzu bereit, ihn meine Wut spüren zu lassen. Ich merkte, wie ich innerlich regelrecht kochte! Doch Gott in seiner Weisheit nagelte mich fest und ich hörte mich sagen: „Ken, lass uns beten.“

Ich schüttete mein Herz vor Gott aus und ließ meinen Ärger mit Ken durch Gottes Gebetsfilter rinnen. Das glättete die rauen Kanten, die alle mit dem Wörtchen „selbst“ beginnen und ermöglichte es Ken, auf meinen Frust freundlich zu reagieren.

Nach dem Gebet war ich ein neuer Mensch. Ich lächelte meinen Mann an, umarmte ihn und dankte im Stillen Gott. Nur er und ich wussten, wie anders der Tag verlaufen wäre, wenn wir nicht miteinander gebetet hätten.

Ein anderes Paar erzählte, dass sie gar nicht erst versucht hätten, miteinander zu beten, wenn sie zerstritten waren. Anschließend an ihren Streit stellten beide bei sich Schlafstörungen fest, was sie dazu motivierte, ihre Konflikte aufzuarbeiten, bevor sie sich ins Bett legten. Die meisten Paare berichteten, dass sie durch ihre Gebetszeit miteinander reden konnten und sich letztlich auch Lösungen finden ließen. Sie diskutierten dann entweder vor oder nach dem gemeinsamen Gebet den Streitpunkt aus.

Jan: Wenn Dave und ich uns gezankt haben, halten wir trotzdem oft an unserer Gebetszeit fest. Aber das ist nicht leicht. Wenn es Zeit wird, ins Bett zu gehen und wir vorher beten sollten, sprechen wir meist nicht miteinander. Endlich bricht einer von uns, das bin in der Regel ich, das Schweigen und fragt: „Willst du beten?“

„Nein“, antwortet Dave dann normalerweise kurz und knapp. Worauf ich typischerweise antworte: „Ich bete aber trotzdem.“ Oft ist Dave, wenn ich zuerst gebetet habe, dann auch bereit, sich am Gebet zu beteiligen. Nach dem Beten arbeiten wir dann meistens unseren Konflikt durch und suchen nach dem Grund.

Natürlich gab es auch Zeiten, zu denen keiner von uns beten wollte. In diesem Fall haben wir das Problem dann erst am anderen Tag aufgearbeitet. Im Laufe der Jahre haben wir durch das Gebet Verantwortung für den Partner und unsere Ehe gelernt. Heute ist uns nun sehr daran gelegen, unsere Auseinandersetzungen sofort aufzuarbeiten, als auf das gemeinsame Gebet zu verzichten.

Ein Paar, das sein Versprechen, miteinander zu beten, auch einlöste, wenn es Streit hatte, sagte: „Wir beten einfach, weil wir glauben, dass Gott das möchte. Wenn wir dann miteinander beten, spricht jeder mit Gott über seinen Part an dem Konflikt. Wir übernehmen außerdem die Verantwortung für das, was wir getan oder nicht getan haben und wodurch der Streit entstanden ist. Anschließend bitten wir Gott um Vergebung. Wir passen auf, dass nicht einer den anderen im Gebet anklagt.“ Auf diese Weise haben die beiden schon sehr schöne gemeinsame Stunden erlebt und viel Nähe erfahren.

Es ist sehr schwierig, so ehrlich und aufrichtig vor Gott zu sein, wenn alles in uns nach Verteidigung schreit. Nach jedem Ehestreit haben wir die Pflicht, die Beziehung wieder in Ordnung zu bringen. Dann werden auch unsere Gebete erhört und wir können das Herz des anderen wieder verstehen.

Gebetshindernisse überwinden

Jedes der beschriebenen Probleme hat seinen unterschwelligen Grund in der Furcht, sich bis in die Tiefe seines Seins bloßzustellen. Diese Angst haben wir alle und darum verweigern wir uns auch voreinander. Doch das gemeinsame Gebet zeigt uns, wie nahe wir uns als Paar innerlich sind. Sage ich zu meinem Mann oder meiner Frau: „Komm, lass uns darüber beten“, bringe ich damit zum Ausdruck, wie geborgen ich mich in unserer Ehe und in der Nähe des Partners fühle. Wird mir aber bei dem Vorschlag meines Partners, dass wir miteinander beten könnten, ganz unbehaglich, zeige ich mir und meinem Mann oder meiner Frau damit, dass mir in unserer Ehe etwas nicht behagt. Ich kann aber dieses Unbehagen, das ich in unserer Beziehung verspüre, vermeiden, wenn ich durch Geschäftigkeit, Faulheit, unstimmige Zeitabsprachen oder auch persönliche Differenzen das gemeinsame Gebet umgehe.

Vieles in der Welt stürmt auf uns ein und kann uns vom gemeinsamen Gebet abhalten. Wir kennen das aus unserer persönlichen Gebetserfahrung sehr genau. Wir leben alle in Hektik, unter Druck und haben viel Verständnis für jeden, dem sich Gebetshindernisse in den Weg stellen. Rechnet man den Druck zweier Menschen zusammen, stellt sich schnell heraus, wie willig der Geist und wie schwach das Fleisch sein kann. Immer wieder haben uns Paare berichtet, dass die Verpflichtung, die sie schriftlich abgegeben haben, jeden Tag miteinander zu beten, der Hauptantrieb gewesen ist, mit dem Gebet zu beginnen und es dann auch durchzuhalten.

Ein schriftliches Versprechen ist nur der Anfang für eine eheliche Gebetsgemeinschaft. Sobald Sie dann mit dem Beten begonnen haben, sollten Sie über die Prioritäten sprechen, die Sie in Ihrer Ehe setzen wollen. Dies ist der beste Weg, mögliche Hindernisse zu vermeiden. Es ist interessant, dass wir uns überall Ziele setzen: für unsere Arbeit, unsere Pensionierung, unsere Kinder, unser Amt in der Gemeinde. Doch was ist mit unserer Ehe? Von ihr, ja ganz besonders von der christlichen Ehe, erwarten wir, dass sie von allein funktioniert, wenn beide nur das Richtige tun. Wir haben für uns herausgefunden, dass nichts ohne Plan und ohne Zielvorstellung oder gemeinsame Träume gelingt, auch die Ehe nicht.

Vor einigen Jahren fuhren wir beide allein für ein Wochenende in die Berge. Wir wollten darüber sprechen, was wir uns für unsere Ehe wünschen. Das war das Ziel. Also erarbeiteten wir einen regelrechten *Aktionsplan* für unsere Ehe. Wir kamen zu dem Ergebnis: Wir wollen kranke Beziehungen heilen helfen. Anschließend sprachen wir über unser persönliches Ziel als Ehepaar. Wie sollten unsere Kinder uns in Erinnerung behalten? Was sollten unsere Freunde von unserer Ehe halten? Wie sollten unsere Prioritäten neben unserer Verantwortung für die Kinder und unsere Familie aussehen? Das war ein sehr wichtiges Wochenende für uns. Es tat uns Leid, dass wir nicht schon zu Beginn unserer Ehe darüber nachgedacht hatten.

Wir gehen davon aus, dass auch Sie geistliche Intimität in Ihrer Ehe erfahren möchten, zumal Sie das Buch bereits bis hierher gelesen haben. Warum hören Sie nicht jetzt einmal auf zu lesen und versuchen mit Ihrem Ehepartner über Ziele und Aussichten für Ihre Ehe zu sprechen und dabei den geistlichen Bereich nicht zu vergessen?

Fragen zum gemeinsamen Gespräch

1. Schauen Sie den Anfang dieses Kapitels an und lesen Sie die Geschichte von Jona im Alten Testament – sie besteht aus nur vier Kapiteln. Sprechen Sie darüber, warum Jona sich weigerte, das zu tun, was Gott von ihm verlangte.

2. Warum haben Sie zu Anfang Ihrer Ehe nicht das getan, was Sie eigentlich tun wollten? Was hat Sie daran gehindert? Glauben Sie, dass diese Hindernisse oder Barrieren eine Art innerer Widerstand waren? Welche Hindernisse tun sich vor Ihnen auf, wenn Sie an Ihren Wunsch denken, in Ihrer Ehe geistliche Nähe zu erleben?

3. Einige der in diesem Kapitel beschriebenen Hindernisse sind in unserer Persönlichkeitsstruktur begründet, wie zum Beispiel unser Schlafverhalten und andere persönliche Unterschiede. Wie kann unser Widerstand Teil dieser natürlichen Differenzen werden?

4. Haben Sie schon einmal versucht, während oder nach einem Streit miteinander zu beten? Haben Sie schon einmal an das gemeinsame Gebet gedacht, während Sie miteinander im Streit lagen, aber Sie konnten kein Wort über die Lippen bringen? Können Sie sich daran erinnern, warum Sie nichts gesagt haben?

Vorschläge für das gemeinsame Gebet

Lieber himmlischer Vater,
der Gedanke, dass unsere Geschäftigkeit eine Art Widerstand ist, gefällt uns nicht. Wir sind wirklich sehr beschäftigt. Viel zu beschäftigt! Aber was sollen wir aufgeben? Wir haben Kinder zu versorgen und Eltern zu betreuen. Unsere Einkommen liegen an der Existenzgrenze. Wir können nicht weniger arbeiten. Bei den paar gemeinsamen Gebeten am Tagesrand waren wir so müde, dass wir dabei eingeschlafen sind. Das kann kein innerer Widerstand sein; das Leben ist heute nun einmal so. Bitte zeige uns, wo wir unsere Geschäftigkeit zum Vorwand nehmen, um uns das zu verweigern, was wir im Grunde haben möchten. Wir wünschen uns geistliche Nähe für uns als Ehepaar, aber wie sollen wir einen weiteren Punkt in unseren täglichen Zeitplan schieben? Da ist keine Lücke, jedenfalls nicht, wenn wir gesund bleiben wollen. Hilf uns, Herr. Hilf uns zu verstehen, was du von uns möchtest. Hilf uns, das Wichtige vom Unwichtigen zu unterscheiden. Zeige uns, wo wir etwas streichen können. Du kennst unsere Herzen – wir wollen uns der geistlichen Intimität nicht entziehen. Du weißt, dass wir uns beide danach sehnen. Bitte, lass uns erkennen, wie wir beginnen können.
In Jesu Namen. Amen.

Lieber Vater im Himmel,
es klingt so einfach, dem Gebet den Vorrang zu geben. Aber wie? Wir haben versucht, es in unseren Tagesablauf einzuschieben, und haben das Gebet doch immer wieder vernachlässigt. Wir haben keinen Mut mehr, es noch einmal zu wagen. Wo sollen wir anfangen? Was sollen wir ändern? Wir wissen, dass uns das gemeinsame Beten, so oft wir es gemacht haben, verändert hat. Warum haben wir damit aufgehört? Lass uns bitte dahinter kommen, Herr. Wir wollen Veränderungen in unserem Tagesablauf wirklich zulassen, doch anscheinend sprechen wir nur immer davon und ändern nichts. Wir brauchen Hilfe.

Wir brauchen sogar dabei deine Hilfe, dass wir erst einmal dazu kommen, über das gemeinsame Gebet miteinander zu sprechen. Zeige uns, wo eine Veränderung möglich ist. Gib uns Mut, es dieses Mal zu schaffen. Wir wissen, du kannst uns helfen. Darum hilf uns bitte. Zeige uns bitte zuallererst, wo wir beginnen können. Wir danken dir im Voraus für deine Hilfe.
IM NAMEN JESU. AMEN.

LIEBER GOTT UND VATER,
wir danken dir, dass es uns möglich war, miteinander zu beten. Wir möchten gern von nun an regelmäßig gemeinsam beten. Danke, dass du uns geholfen hast, damit zu beginnen. Nun brauchen wir Hilfe für einen langen Atem, denn wir möchten jeden Tag zuverlässig beten. Eigentlich sollte die Freude und Nähe, die wir dabei erleben, Motivation genug sein. Doch unser Leben ist so hektisch und andere Menschen und Aufgaben bedrängen uns von allen Seiten. Hilf uns, dass wir auf Engpässe vorbereitet sind, wenn der Druck noch stärker wird. Gib uns einen klaren Blick, damit wir besser erkennen, wie wir Unnötiges außen vor lassen können. Gib uns Mut, dass wir einander helfen und den Blick auf dich nicht verlieren.
IM NAMEN JESU. AMEN.

7

Das Unsichtbare ins Auge fassen

Bleibt besonnen und wachsam! Denn der Teufel, euer Todfeind,
schleicht wie ein hungriger Löwe um euch herum.
Er wartet nur auf ein Opfer, das er verschlingen kann.
Stark und fest im Glauben sollt ihr seine Angriffe abwehren.
Und denkt daran, dass alle Christen in der Welt
diese Leiden ertragen müssen.
1. Petrus 5,8–9 (HfA)

Es gibt unsichtbare Mächte, die nichts lieber möchten, als Sie als Ehepaar vom Beten abzuhalten. Paare, die treu miteinander beten, merken sehr schnell, dass sie im Kampf mit diesen Mächten stehen. Wenn zwei Menschen darüber eins werden, dass sie miteinander beten wollen, werden Kräfte frei. Das will der Feind mit allen möglichen Mitteln verhindern. Ein Ehepaar drückte dies einmal so aus:

Für uns hat sich das gemeinsame Beten gelohnt.
Ich hatte gehört, es braucht drei Wochen, bis das gemeinsame Beten zur Gewohnheit wird und es ist eine Sache von Sekunden, es wieder aufzugeben. Satan bombardierte uns mit allen Mitteln der Kunst. Doch wir haben festgestellt, wenn wir uns treu an unser Versprechen halten, selbst wenn wir das Gebet hier und da versäumen, finden wir immer wieder auf unsere Knie zurück.

Das gemeinsame Gebet hält die feurigen Pfeile des Feindes nicht von uns fern. Vielmehr werden wir, wenn wir mit dem Beten beginnen, sehr schnell feststellen, dass wir es mit einem äußerst gerissenen Feind zu tun haben. In unserem Leben passiert so viel Schreckliches. Die Frage ist jedoch: Wie gehen wir damit um? Gott hat diesbezüglich einen Plan und Paulus legt uns diesen Plan vor, indem er uns in Epheser 6 die Waffen beschreibt, die wir im Kampf mit Satan anlegen sollen. Er sagt:

Für euch alle gilt: Werdet stark durch den Glauben an Christus und im Vertrauen auf seine Macht! Greift zu den Waffen Gottes, damit ihr alle heimtückischen Anschläge des Teufels abwehren könnt. Denn wir kämpfen nicht gegen Menschen, sondern gegen Mächte und Gewalten des Bösen, die über diese gottlose Welt herrschen und im Unsichtbaren ihr unheilvolles Wesen treiben. Darum nehmt die Waffen Gottes! Nur gut gerüstet könnt ihr den Mächten des Bösen widerstehen, wenn es zum Kampf kommt. Hört nie auf zu bitten und zu beten! Gottes Heiliger Geist wird euch dabei leiten. Bleibt wach und bereit. Bittet Gott inständig für alle Christen in der Welt.
Epheser 6,10–13.18 (HfA)

Beten heißt, in einem geistlichen Kampf stehen, oder wie Jack Hayford gesagt hat: „Beten heißt, das Unmögliche zu erobern.“[11] Gebet ist unsere Hauptwaffe im Kampf gegen den Bösen. Darum ist die beste Hilfe gegen die Attacken des Feindes das gemeinsame regelmäßige Gebet von Anfang an. Natürlich ist das nicht allen Ehepaaren möglich. Doch wir wollen einige Beispiele von Paaren bringen, die vom ersten Tag ihrer Ehe an miteinander gebetet haben.

Kathy und Mike

Kathy Deering ist die Lektorin dieses Buches. Wir sprachen mit ihr über unser Thema und stellten fest, dass sie und ihr Mann Mike vom ersten Tag ihrer Ehe an miteinander gebetet haben. Sie haben uns ihre Geschichte zur Verfügung gestellt:

Als wir heirateten, waren wir ganz jung im Glauben und wir beschlossen, mit dem gemeinsamen Beten gleich in der Hochzeitsnacht zu beginnen. Wir wollten jeden Abend vor dem Schlafengehen miteinander beten und haben in 28 Ehejahren keinen Abend ausgelassen. Ist einer von uns nicht zu Hause, beten wir getrennt, bevor wir zu Bett gehen und wissen, dass der andere dasselbe tut.

Wenn einer von uns – zum Glück nur sehr selten – zu krank war und nicht beten konnte, betete der Gesunde für beide. Normalerweise gehen wir gleichzeitig schlafen. Wenn das einmal nicht möglich ist, sucht derjenige, der müde ist, die Nachteule auf und wir beten gemeinsam.

Unsere Gebete sind schlicht und einfach: Normalerweise betet Mike zuerst für mich – dass ich gut schlafen kann, für alles, was wichtig ist und für den nächsten Tag. Wir nennen das „für das tägliche Brot beten", wie es im Vaterunser heißt. „Unser täglich Brot gib uns heute" – eine Ration also für die nächsten vierundzwanzig Stunden, denn wir beten nicht gern zu weit im Voraus. Und die Last des Tages bietet ohnehin im Allgemeinen genügend Gebetsstoff.

Anschließend bete ich genauso für Mike. Der Schwerpunkt der Gebete wechselt mit den gegebenen Umständen. Oft betet einer oder wir beide besonders für eines unserer vier Kinder oder für Freunde, die in Not sind. Unsere Kinder, die inzwischen fünfzehn bis einundzwanzig Jahre alt sind, wissen, dass wir regelmäßig für sie beten.

Wenn ich für Mike gebetet habe, beendet er als Familienoberhaupt normalerweise unsere Gebetszeit mit einem Gebet für die Sicherheit unseres Hauses während der Nacht und dass der Böse uns nichts anhaben kann. Mit dem Heranwachsen der Kinder betet er außerdem des öfteren, dass sie nachts wieder gut nach Hause finden und für ihre Entscheidungen. Der Tenor der Gebete lautet im Allgemeinen: „Herr, halte unsere Füße auf dem Pfad der Gerechtigkeit und nimm unsere Hände in deine Hände."

Vor ein paar Jahren habe ich mir einmal Gedanken gemacht, ob unsere Gebete vielleicht zu routiniert geworden sind und dadurch nicht mehr wirksam. Schließlich benutzten wir häufig dieselben Sätze und wie oft waren wir müde! Manchmal, vor allem als unsere vier Kinder noch klein waren, habe ich meinen Mann gefragt: „Haben wir schon zu Ende gebetet?", weil ich halb eingeschlafen war, während er betete. Mir schien alles so flach. Darum bat ich Gott mir zu zeigen, ob wir etwas anderes tun sollten, vielleicht im Sitzen beten – wir beteten sonst meist im Bett. Als ich Gott diese Frage stellte, hörte ich klar und deutlich in meinem Innern seinen liebevollen Tadel: „Du hast keine Ahnung, wie wichtig mir eure Gebete sind!" Gottes Stimme war so eindeutig, dass ich es Mike sofort berichten musste, und wir haben seitdem nie mehr den Wert unserer Gebete hinterfragt.

Weil wir jeden Tag für einfache Belange miteinander beten, sind wir, so haben wir herausgefunden, für das gemeinsame Gebet gut vorbereitet, wenn größere Schwierigkeiten zu bewältigen sind. Wir haben uns durch lebensbedrohliche Krankheiten hindurchgebetet, durch die ernste mentale Krankheit eines Familienangehörigen, sieben Jahre Kinderlosigkeit, drei Fehlgeburten, plötzliche Arbeitslosigkeit, finanzielle Schwierigkeiten, wichtige Entscheidungen, die Todesfälle von Eltern und Freunden und durch die Teeny–Revolte eines unserer Kinder.

Haben wir einmal Streit, wird es mit dem Beten schwierig. Es ist uns tatsächlich nicht möglich, miteinander zu beten, bis die Unstimmigkeit zwischen uns geklärt ist. Wir finden, wir sind das glücklichste Ehepaar weit und breit! Da besteht nur die Frage, was eigentlich die Grundlage wofür ist, also ob unser Gebetsleben unsere Kommunikation angeregt hat oder unsere Kommunikation das Gebetsleben. Wir wissen nur, dass wir uns sehr, sehr gut verstehen und dass einer nicht gut ohne den anderen existieren kann.

Mike und Kathy haben rechtzeitig mit ihrer täglichen Gebetsgemeinschaft angefangen und haben im Laufe der Jahre treu den Rat des Apostels Paulus befolgt: „Betet alle Zeit!" Sie haben Gott in vielen Lebensbereichen erkannt. Wer weiß, wie viele geistliche Kämpfe durch ihre Treue siegreich beendet wurden?

Jim und Karen

Das Ehepaar Jim und Karen Kingma besuchte vor einiger Zeit eines unserer Seminare in Michigan. Doch schon bevor Jim und Karen heirateten, haben sie miteinander gebetet. Sie kennen also die Kraft, die durch das Gebet ihr Leben bereichert hat. Neulich hielten sie selbst in ihrer Gemeinde ein Gebets-Seminar. Jim beschreibt im Folgenden einige Erfahrungen, die sie als Ehepaar durch ihr gemeinsames Beten gemacht haben:

Es gibt nichts, was das Gebet mit unserem Vater im Himmel ersetzen könnte. Wir beten kniend und teilen ihm unsere tiefsten Bedürfnisse mit, wodurch zwischen uns eine erstaunliche geistliche Intimität entstanden ist. Wir haben im Gebet bereits miteinander gelacht, geweint und uns aneinander gefreut. Dadurch empfinden wir ein unglaubliches Einssein.
Das gemeinsame Gebet hat unsere Liebe zueinander vertieft.

Etwas ganz Wichtiges habe ich im Laufe der Jahre gelernt: Gott ist, wie er von sich sagt, der er ist. Selbst in Zeiten, wo wir meinten, Gott kommt zu spät oder er lässt uns im Stich – im Rückblick können wir erkennen, dass er immer bei uns war und nie zu spät kam – sein Timing ist immer richtig. Für mich habe ich erkannt: Wenn Karen und ich miteinander beten – wir fingen damit an, als wir befreundet waren –, muss ich kein Übel fürchten. Ich weiß, dass er unseren Lebensweg bestimmt.

Oft haben wir unabhängig voneinander für einen bestimmten Menschen gebetet, obwohl wir vorher nicht darüber gesprochen hatten. In solchen Situationen waren wir dann immer ganz erstaunt, wieso Gott uns beiden diese Last aufs Herz gelegt hatte. Später haben wir häufig festgestellt, dass die Person, für die wir gebetet hatten, tatsächlich Fürbitte zu genau dieser Zeit brauchte. Ich weiß nicht, warum wir so erstaunt sind über das, was Gott tut. Aber wir sind immer wieder begeistert. Es ist aufregend, in Gottes Kampftruppe gegen den Bösen in unserer Welt anzutreten.

Karen fügt hinzu:

Ich habe gelernt, dass das gemeinsame Gebet uns als Paar tatsächlich zusammenschweißt. Das war nicht immer leicht. Jim steht um 4:30 Uhr morgens auf, ich dagegen erst gegen 8 Uhr. Und natürlich geht Jim lange bevor ich fertig bin zu Bett. Aber wir haben es von Anfang an geschafft, dass, ganz gleich wann einer von uns zu Bett geht, wir vorher miteinander beten.

Mit den Jahren habe ich gelernt, dass Jim sehr liebevoll zu Gott spricht. Er möchte von Herzen der geistliche Führer unseres Hauses und eine ausgeglichene Persönlichkeit sein. Durch unser gemeinsames Beten sind wir so empfindsam geworden, dass ich Jim immer mehr vertrauen lernte. Wir haben für alles gebetet – von Sinneslust bis hin zum Autokauf. Alles hat uns näher zueinander und zu Gott gebracht. Ich glaube, ich kann Jim wirklich vertrauen, weil ich seine geistliche Wärme durch seine Gebete kenne. Und das gibt mir Geborgenheit.

In Epheser 4,26 warnt uns Paulus vor anderen unsichtbaren Mächten um uns herum. Er sagt: „Wenn ihr zornig seid, dann macht es nicht noch schlimmer, indem ihr unversöhnlich bleibt. Lasst die Sonne nicht untergehen, ohne dass ihr euch vergeben habt. Gebt dem Teufel keine Chance, Unfrieden zu stiften.“ In einigen Kapiteln zuvor haben uns Ehepaare berichtet, wie sie mit Konflikten umgehen. Jim schreibt zum Thema Streit:

Wir fetzen uns von Zeit zu Zeit genau wie andere Paare. Allerdings versuchen wir, bald darüber zu sprechen. Dann bitten wir einander vorsichtig um Vergebung, egal wer den Fehler begangen hat. Schließlich gehen wir auf unsere Knie und bitten Gott um Vergebung. Wir bitten ihn, uns in dieser Schwierigkeit zu helfen, damit wir siegreich leben, denn wir wissen, Streit ist ein Feindangriff auf unsere Ehe. Wenn wir uns das klarmachen, überlassen wir die Sache dem Herrn – und das geht gut! Gott hat uns treu geholfen.

In einer Ehekrise vergessen wir leicht, dass sich ein geistlicher Kampf um uns herum abspielt. Wir gleichen dann dem Diener von Elisa, der nur die materielle Wirklichkeit sehen konnte. Seiner Meinung nach war alles hoffnungslos. „Elisa und ich sind die Verlierer", war seine feste Meinung.

Elisa dagegen durchschaute die vordergründige Wirklichkeit und konnte die geistliche Realität erkennen. Sein Durchblick veränderte alles. Elisa bat Gott, seinem Diener die Augen zu öffnen. „Da öffnete der Herr Elisas Diener die Augen und er konnte sehen, dass der ganze Berg, auf dem die Stadt stand, von Pferden und Streitwagen aus Feuer beschützt wurde" (2. Könige 6,17 HfA). Das Gebet öffnete ihm die Augen. Beten öffnet auch unsere Augen für Gottes Wirken und damit bekommen wir einen Einblick in seine Wirklichkeit.

James Houston schreibt in seinem Buch *The Transforming Power of Prayer* (Die verwandelnde Kraft des Gebetes): „Dunkle Stunden dürfen uns nicht vom Gebet fern halten, sondern vielmehr ins Gebet treiben. Die Dunkelheit wird nur dann verhängnisvoll, wenn wir in Gott nicht mehr den machtvollen Lenker unseres Lebens erkennen, der mächtig ist, trotz unserer Ängste und Gefühle das Böse zu überwinden."[12]

Es ist wichtig, in Krisen miteinander zu beten. Noch wichtiger und wirksamer ist es aber, täglich Gebetsgemeinschaft zu pflegen. Nur so können wir dem Feind seine Angriffsmöglichkeiten verderben.

Vor einigen Jahren sprachen wir zu einer großen Gruppe über dieses Thema. Unter den Zuhörern war ein Pfarrer, der uns später auch zu diesem Vortrag in seine Gemeinde einlud. Bevor das Programm anfing, unterhielten wir uns mit dem Pfarrer. Er erzählte uns: „Meine Frau und ich sind seit vierzig Jahren verheiratet und fast so lange sind wir bereits im Pfarrdienst. In Krisenzeiten konnten wir immer miteinander beten, aber wir haben nie täglich miteinander gebetet. Vor einem Jahr, als wir Sie gehört haben, fühlten wir uns beide angesprochen. Seitdem haben wir keinen Tag verstreichen lassen und gemeinsam gebetet. Wir können Ihnen gar nicht schildern, wie das Gebet unser Leben und unsere Ehe verändert hat."

Und dann versuchte er, den Unterschied zu der Zeit vorher zu beschreiben. Nach langer Überlegung sagte er: „Seitdem wir täglich miteinander beten, umgibt uns ein besonderer Friede und eine neue Friedfertigkeit." Vielleicht geht es diesem Pfarrer-Ehepaar wie dem Diener des Elisa: Heute nehmen sie nicht mehr nur das Böse in dieser Welt wahr, sondern ihnen ist Gottes Wirken in unserer Welt, und ganz besonders in ihrer eigenen Welt, bewusster geworden. Die Mächte des Bösen sind vorhanden, aber die Pferde und feurigen Wagen unseres Gottes stehen auch bereit!

Fragen zum gemeinsamen Gespräch

1. Lesen Sie noch einmal zusammen den Bibelabschnitt, der über diesem Kapitel steht (1. Petrus 5,8–9). Was sagt uns das Wort über Prioritäten?

2. Welche Prioritäten haben Sie in Ihrer Ehe gesetzt? Sprechen Sie darüber und schreiben Sie sich Ihre Prioritäten auf.

3. Hat sich etwas verschlechtert, seitdem Sie gemeinsam beten? Wenn ja, sprechen Sie darüber, ob das mit einem geistlichen Kampf zusammenhängen kann.

4. Haben Sie schon einmal über die unsichtbaren geistlichen Kräfte, die Sie umgeben, nachgedacht? Haben Sie bereits ähnliche Erfahrungen wie Elisas Diener gemacht? Nicht dass Sie tatsächlich Gottes unsichtbare Armee gesehen haben, aber dass Sie wussten, irgendwie kämpfte Gott an Ihrer Seite, als Sie sich vom Feind angegriffen fühlten? Sprechen Sie darüber mit Ihrem Partner.

5. Inwieweit können Sie erkennen, dass das gemeinsame Gebet Teil der „geistlichen Waffenrüstung“ für Ihre Ehe ist?

Vorschläge für das gemeinsame Gebet

Lieber himmlischer Vater,
ich habe tatsächlich das Gefühl, dass wir mitten in einem Kampf stehen und ich spüre, dass wir ihn verlieren werden. Wir versuchen die Waffen, von denen Paulus spricht, einzusetzen, aber es sieht so aus, dass wir zu schwach und kraftlos sind. Wir haben einen Waffenstillstand ausprobiert und damit dem Herrn den Kampf überlassen. Wir haben versucht zu beten und in der Bibel zu lesen, aber wir erkennen darin keine Waffen. Der Kampf, der sich durch unser Leben zieht, überfordert uns. Wo bist du, Gott, in diesem Kampf? Kannst du uns beibringen, wie wir die Waffen deines Wortes und des Gebetes besser einsetzen können? Wir sind wie der Diener von Elisa – wir sehen nur den Feind. Wir wissen nicht, wo du steckst, Gott. Bitte zeige uns deine Macht. Hilf uns, bessere Kämpfer in dem geistlichen Kampf, der in uns und um uns wütet, zu werden.
Wir bitten dich darum im Namen Jesu. Amen.

Lieber Vater im Himmel,
wir wissen, dieser Kampf ist ein geistlicher Kampf und wir wissen, wie wichtig das Gebet ist. Wir empfinden die Angriffe des Feindes nicht so sehr gegen uns persönlich, sondern gegen unsere Ehe gerichtet. Das zermürbt uns. Wir bitten dich, Herr, um deinen Sieg. Wir möchten deinen Sieg in unserem Leben erkennen. Wir fühlen uns besiegt, obwohl wir dich kennen und dir glauben. Hilf uns bitte aus unseren Zweifeln heraus. Schütze uns durch deine mächtige Hand. Umgib du uns mit deinen Engeln. Kämpfe du für uns gegen den Feind, oh Herr. Wir möchten dir vertrauen. Wir möchten siegreich leben. Bitte, fülle unsere Ehe und unser Leben mit deiner Kraft und Gegenwart.
Wir bitten dich in Jesu Namen. Amen.

Lieber Gott und Vater,
du bist der Allmächtige. Dein ist der Kampf. Deine Kräfte haben den Feind bereits besiegt. Wir loben dich für deinen Sieg in unserem Leben und in unserer Ehe. (Nennen Sie einige Bereiche Ihrer Ehe, für die Sie Gottes Sieg loben.) Bitte, Herr, mach es uns immer wieder bewusst, dass wir in einem geistlichen Kampf stehen, den du bereits gewonnen hast. Hilf uns dann, wenn wir Unsichtbares in unserem Zusammenleben feststellen, die Augen des Elisa zu haben, der im Angesicht des Sturms ruhig blieb, weil er deine Macht erkennen konnte. Er konnte das Unsichtbare sehen. Gib uns diese Vision für unser Leben, oh Herr. Danke.
Darum bitten wir dich im Namen Jesu. Amen.

Teil 3

Das Abenteuer beginnt

8

Den Zuschauerplatz verlassen

In meinem Tempel sollen alle Völker zu mir beten.
Jesaja 56,7 (HfA)

Vor einigen Jahren haben wir uns eine Sendereihe von Ron Kline, dem damaligen Leiter des Missionsradios HCJB in Quito, Ecuador, angehört. In dieser Sendereihe stellte er viele Glaubenszeugen der vergangenen Jahrhunderte vor. Er begann mit den Glaubenszeugen der Bibel, wie sie in Hebräer 11 aufgeführt werden. Danach machte er eine Sendung über Petrus und anschließend über Paulus. Er führte uns durch die Zeitgeschichte und ließ die großen Männer und Frauen des Glaubens wie in einem Siegeszug durch die Jahrhunderte an uns vorüberziehen. Zum Schluss nannte er unbekannte Heilige unserer Tage, denen er in der ganzen Welt begegnet war – darunter viele Menschen in Ost-Europa, in Russland und in anderen Unruhegebieten dieser Welt. Alle waren trotz Anfeindung und Verfolgung mutige Bekenner ihres Glaubens.

Er malte ein wunderschönes Gemälde mit erlesenen Worten und ließ die genannten Kinder Gottes vor unseren inneren Augen aufmarschieren. Wir konnten uns an dieser Festparade erfreuen und teilhaben an dem, was Gott in seiner Welt getan hat und bis heute tut. Zum Schluss ließ er seine Zuhörer frei wählen: „Sie können den Siegeszug vom Straßenrand aus bejubeln und an sich vorüberziehen lassen. Sie können sich selbst und andere Menschen dafür begeistern, Ihre Freunde mitziehen und mitbeobachten lassen. Sie können auch eine Zeit lang zuschauen, gähnen und gelangweilt wieder nach Hause gehen. Oder Sie können den Zuschauerplatz verlassen und sich dem Siegeszug anschließen! Sie können sich Gott anschließen und erleben, was er in dieser Welt tut. Sie können Mitstreiter werden. Die Wahl liegt bei Ihnen."

Es ist nicht leicht, als Ehepaar den ersten Schritt weg vom Straßenrand zu tun. Wir möchten Ihnen jedoch Mut machen, es einfach zu wagen. Schließen Sie sich Gott an und erfahren Sie, was er durch Sie als betendes Ehepaar tun möchte. Hier einige Vorschläge, wie man damit beginnen kann.

Der Start

Wir machen Ihnen acht Vorschläge, wie man mit dem gemeinsamen Gebet beginnen kann. Diese Vorschläge haben wir durch unsere Fragebögen von verschiedenen Paaren erhalten und sie entsprechen ihren eigenen Erfahrungen mit ihren Anfangsschwierigkeiten beim gemeinsamen Gebet.

1. Nehmen Sie sich genügend Zeit und reden Sie über das gemeinsame Gebet, über Ihre Gedanken und Gefühle. Machen Sie sich dabei keinen Druck oder gegenseitig Schuldgefühle. Finden Sie heraus, ob Sie sich einig sind und Sie beide wirklich gemeinsam beten wollen. Sprechen Sie ganz offen über Ihre Bedenken und Befürchtungen. Sprechen Sie auch über Ihre Erwartungen, damit Sie später nicht durch falsche Erwartungen enttäuscht sind.

2. Machen Sie eine bestimmte Zeit aus, wann Sie jeden Tag beten wollen. Geben Sie sich ein Versprechen darauf. Sie werden es nicht schaffen, regelmäßig miteinander zu beten, wenn Sie keine gemeinsam festgelegte Zeit haben.

3. Ärgern Sie sich nicht, wenn Sie es einen Tag mal nicht geschafft haben. Wichtig ist nur, dass Sie gleich am nächsten

Tag neu beginnen. Mit der Zeit werden Sie beständiger. Machen Sie sich keinen Stress.

4. Legen Sie fest, wer was tun will. Zum Beispiel: Wer entscheidet, wo Sie zusammen beten? Wer erinnert den Partner, dass es Zeit zum Beten ist? Wir haben von Ehepaaren erfahren, dass sie sich nicht auf eine Zeit festlegen konnten und davon ausgingen, dass sie sich gegenseitig ans Beten erinnern würden. Es ist hilfreich, wenn einer von beiden die Verantwortung übernimmt und sagt: „Komm, es ist Zeit zum Beten." Interessanterweise war es bei eingespielten Paaren meistens der Mann, der diese Aufgabe übernommen hat.

5. Beginnen Sie mit dem Beten so, wie es für Sie beide angenehm ist. Also wenn nur einer laut beten möchte, dann beten Sie zunächst nicht laut, denn Sie fühlen sich nicht beide gleichermaßen wohl dabei. Wenn einer von Ihnen lieber leise beten möchte, dann sollten Sie beide eben zunächst leise beten, denn nur so können sich beide gleich gut fühlen.

6. Setzen Sie sich ein Zeitlimit. Erstaunlich, wie wichtig das den meisten Paaren war. „Nur keine langatmigen Gebete!", sagten sie. Eine Frau schrieb uns: „Bloß keine langen Monologe mit vierzehn verschiedenen Punkten!" Und andere meinten: „Klein anfangen. Alles Weitere ergibt sich. Jeder kann sich fünf oder zehn Minuten vorstellen. Mehr ist für den Anfang eine Überforderung." Und noch ein Vorschlag: „Starten Sie mit fünf Minuten und beobachten Sie, was daraus wird. Lassen Sie sich im Anfang nicht zu viel Zeit."

7. Machen Sie von vornherein aus, dass keiner den anderen beim Beten anpredigen darf. Wer den Partner im Gebet tadelt oder zurechtweist, lässt damit das gemeinsame Gebet sterben. Mit dieser Abmachung schaffen Sie sich einen Freiraum. Die Angst hegen übrigens viele, dass der Partner die Zeit zur Kritik statt zum Beten nutzen könnte.

8. Ein Ehemann schlug vor: „Beginnen Sie mit einer Gebetsliste. Eine solche Liste können Sie auch gemeinsam aufstellen. Und beten Sie jeder für sich für Ihre gemeinsame Gebetszeit, bevor Sie mit Ihrer Gebetsgemeinschaft beginnen.“

Wie sollen wir gemeinsam beten?

Nun haben Sie Ihren gemeinsamen Plan aufgestellt. Wie können Sie ihn jetzt praktisch umsetzen? Was betet ein Ehepaar? Eine grundlegende Prämisse ist, dass Sie füreinander beten. Obwohl in der Bibel nicht direkt steht: „Männer und Frauen, betet füreinander“, heißt es in Jakobus 5,16 (HfA): „Darum sollt ihr einander eure Sünden bekennen und füreinander beten, damit ihr geheilt werdet.“ Demnach soll der Mann für seine Frau und die Frau für ihren Mann beten. Eine Frau schrieb uns: „Jedes Mal, wenn wir zusammen beten, beginne ich mit einem Segen für meinen Mann. Das baut ihn auf und ich lasse ihn meine Liebe spüren. Mein Mann segnet mich genauso.“

Ein Vorschlag von uns: Wir suchen uns verschiedene Gebete aus der Bibel heraus und beten sie nach Absprache für den anderen. Ein Lieblingsgebet von uns ist zum Beispiel das Gebet des Paulus an die Philipper in Kapitel 1, Verse 9 und 10 (HfA). Es lautet:

Ich bete darum, dass eure Liebe immer reicher und tiefer wird, je mehr ihr Gottes Willen erkennt und euch danach richtet. So lernt ihr entscheiden, wie ihr leben sollt, um am Gerichtstag Jesu Christi untadelig und ohne Schuld vor euren Richter treten zu können.

Bringt dieses Gebet nicht wunderschön zum Ausdruck, was wir uns für unsere Ehe wünschen? Häufig benutzen wir es als Leitgebet für unsere Ehepaarseminare. Dave betet dieses Gebet in Abwandlung für Jan:

Herr, ich bitte dich für Jan, dass ihre Liebe immer reicher und tiefer wird, damit sie zu entscheiden lernt, wie sie leben soll und sie bei deiner Ankunft ohne Schuld und Tadel vor dich treten kann.

Vielleicht lesen Sie einmal die Paulus-Briefe oder suchen in anderen Büchern der Bibel nach Gebeten, die Sie füreinander beten können. Sie können so zu einem sehr bedeutungsvollen Gebet für Ihren Partner werden. Sollten Sie diese Gebete nicht benutzen, wenn Sie miteinander beten, dann zeigen Sie Ihrem Partner den Bibelabschnitt und sagen: „Das Gebet gefällt mir für dich!", und lesen es vor.

Nun wollen wir Ihnen noch sechs Möglichkeiten vorstellen, auf welche Weise Sie als Ehepaar miteinander beten können. Unabhängig von Ihrer Erfahrung oder den Ihnen vertrauten Gebetsmethoden gibt es eine Gebetsart, die jeder nachvollziehen kann[13] – Sie finden sie in unserem ersten Vorschlag wieder. Sollten Sie bereits miteinander beten, suchen Sie nach zusätzlichen Wegen, wie Sie das Gebet mit Ihrem Partner erfrischen und beleben können.

1. *Beten Sie still miteinander.* Ja, muss denn in einer Gebetsgemeinschaft nicht laut gebetet werden? In erster Linie geht es darum, dass Sie überhaupt gemeinsam beten. Wir schlagen den Ehepaaren in unseren Seminaren vor, mit dem stillen Gebet zu beginnen. Dazu einige Ratschläge: Setzen Sie sich bequem einander gegenüber und reichen Sie sich die Hände. Viele haben gesagt, wie wichtig ihnen der Körperkontakt beim Beten ist. Sprechen Sie über Ihre gemeinsamen Anliegen. Dieses Gespräch wird dann beendet, sobald einer von Ihnen sagt: „Lass uns dafür beten." Und dann nehmen Sie sich Zeit für ein stilles Gebet. Wer zuerst fertig ist, drückt die Hand seines Partners. Das heißt: „Ich bin fertig." Sobald der andere sein Gebet beendet hat, gibt er den Händedruck zurück. Herzlichen Glückwunsch! Sie haben soeben miteinander gebetet.
   Wenn Sie auf diese Weise öfter zusammen gebetet haben, sagt vielleicht einer am Ende laut „Amen" und drückt dabei

die Hand des Partners. Und dann warten Sie, bis Ihr Gegenüber auch „Amen“ gesagt hat.

2. *Das stille Gebet laut beenden.* Die zweite Variante haben wir soeben beschrieben. Auch dieses kleine „Amen“ trägt dazu bei, sich beim Beten wohler zu fühlen und sich einander mehr zu öffnen. Vielleicht möchte nach dem laut gesprochenen Amen der zweite Beter sein stilles Gebet laut beenden. Das muss nichts Weltbewegendes sein. Ein einfacher Dank vielleicht oder ein Ausdruck der Freude, dass Gott die Herzen und Bedürfnisse kennt und gern Gebete erhört. Oder Sie danken Gott am Schluss, dass er in Ihrer Mitte ist.

3. *Schreiben Sie Ihr Gebet auf.* Schreiben Sie zunächst unabhängig voneinander ein kurzes einfaches Gebet, das Ihnen gefällt, auf Papier. Dann lesen Sie sich die Gebete gegenseitig vor. Anschließend können Sie sich positiv zum Gebet Ihres Partners äußern, miteinander darüber sprechen und ihm sagen, wie Sie es empfunden haben, dass Sie beide laut mit Gott sprechen. Oder lesen Sie gemeinsam ein paar Gebete, die wir für Sie am Ende eines jeden Kapitels aufgeschrieben haben.

4. *Reden und beten.* Das bedeutet, Sie führen Ihr Gespräch ganz bewusst mit Gott. Er ist in Ihrer Mitte. Sie können mitten im vertrauten Gespräch inne halten und vorschlagen: „Lass uns einen Augenblick dafür beten.“ Beten Sie still für sich über das, was Sie gerade besprochen haben.
   Wer sein Gebet lieber laut verbalisieren möchte, macht sich noch einmal klar, dass Gott ein Gesprächspartner Ihrer Unterhaltung ist. Vielleicht sprechen Sie gerade über eine wichtige Sache. Beziehen Sie Gott mit in Ihr Gespräch ein und einer von Ihnen sagt schlicht: „Herr, du hörst, was wir besprechen. Bitte, sei du jetzt dabei. Hilf uns in dieser Situation.“ Selbst dieses Gebet kann vereinfacht werden. Vielleicht möchte der andere einen Satz oder zwei Sätze hinzufügen. Wenn wir auf diese Weise beten, sprechen wir dabei

nur selten ein Amen. Wir setzen unser Gespräch einfach fort. Im Laufe der Zeit nimmt Gott einen ganz natürlichen Platz in Ihrer Unterhaltung ein. Dabei wird Ihnen seine Gegenwart immer bewusster.

5. *Beten Sie gemeinsam, beten Sie laut, beten Sie täglich.* Diese Vorschläge haben wir schon früher gemacht. Wichtig ist, dass Sie sich beide wohl dabei fühlen und es keinem peinlich ist, sein Gebet in Anwesenheit des Partners zu formulieren. In unseren Fragebögen haben wir Paare gebeten, uns zu berichten, wie sie vom stillen Gebet zum lauten Beten übergegangen sind. Wir wollten wissen, ob die Paare zuvor darüber geredet hatten oder ob es ganz von allein passiert ist. Wir waren erstaunt, dass viele von ihnen, genau wie das Paar, von dem wir schon berichtet haben, antworteten: „Wir öffneten ganz einfach unseren Mund und sagten …" Und genauso spielt es sich ab: Unseren Mund öffnen und laut heraussagen, was wir denken und empfinden.
   Im Laufe der Jahre haben wir immer leichter unsere Gebete verbalisieren können und irgendwann unser Abendgebet auf andere Tageszeiten verlegt. Während wir beisammen sitzen, möchte vielleicht einer von uns beten. Dann lassen wir alles stehen und liegen und beten. Das Gebet gehört mittlerweile zu unserer Konversation ganz natürlich dazu. Hin und wieder unterbrechen wir also unsere Gespräche und beten.

6. *Laut beten.* Wir glauben, dass diese Gebetsart von den meisten Männern (und einigen Frauen) gefürchtet wird und deshalb das gemeinsame Beten für sie nicht in Frage kommt. Es ist auch nicht einfach. Aus diesem Grund schlagen wir das laut gesprochene freie Gebet am Ende vor. Wenn wir laut beten, reden wir in Gegenwart unseres Partners über uns selbst. Auch mit der Bitte: „Herr, hilf uns" oder „Herr, hilf ihnen" beten wir gleichzeitig: „Herr, hilf mir." Wenn wir in dieser Form beten, sind wir bereits sehr vertraut miteinander. Wir können ehrlich unsere Schwächen, Fehler und

Kämpfe aussprechen und offen mit Gott in der Gegenwart unseres Partners reden.

Wir empfehlen diese Gebetsform nicht an letzter Stelle, weil sie die beste ist, sondern weil sie die schwierigste ist. Einige Paare werden in dieser Weise nie beten, während andere damit sehr schnell vertraut sind. Die geistliche Intimität wird dadurch sehr gefördert. Vergessen Sie nie: Das Ziel ist nicht, laut zu beten, das Ziel ist, regelmäßig miteinander zu beten.

Was sollen wir beten?

Wofür beten die unterschiedlichen Paare? Die häufigste Antwort ist: „Für unsere nächsten Angehörigen." Eltern beten für ihre kleinen und großen Kinder. Sie beten für ihre Eltern und für ihre Geschwister. Viele beten für sich selbst und ihre Familie – zum Beispiel wünschte sich ein Ehemann, ein besserer Vater für seine Kinder zu werden. Die Gesundheit und Sicherheit für die Familie ist ein sehr wichtiges Gebetsanliegen. Paare, die gerade verheiratet sind, beten oft für die Lösung von Konflikten mit schwierigen Angehörigen.

Zum Gebet für die Familie gehört für viele Paare auch das Gebet für ihre Ehe. Häufig ist es ein Dankgebet. Andere haben für Schwierigkeiten in ihrer Ehe gebetet und Gebetserhörungen erlebt. Für viele Paare waren sexuelle Probleme ein Thema, auch hier erfuhren sie Hilfe und Neuorientierung.

Das nächstwichtige Gebetsanliegen ist offensichtlich Wegweisung für wichtige Entscheidungen. Die Paare beteten für den Verkauf oder Kauf eines Hauses und einen Arbeitsplatzwechsel. Andere hatten größere Schwierigkeiten bei der Suche nach einer Arbeitsstelle und baten um Führung.

Viele schreiben, dass sie für ihre Pfarrer, Pastoren und Gemeinden beten. Viele beten für Missionare oder Missionsgesellschaften. Andere im geistlichen Dienst bitten für Menschen, die ihnen anvertraut gewesen sind oder um die sie sich in Zukunft kümmern werden.

Wichtig ist vielen Ehepaaren auch die Not ihrer Freunde. Sie beten gemeinsam um die Errettung von Freunden und Familienmitgliedern. Einige beten besonders für Ehepaare, die sie kennen und die in materiellen Nöten stecken. Sie beten um Mut, anderen von ihrem Glauben weiterzusagen. Viele bemerkten, dass sie um einen Menschen gebetet hatten, mit dem sie ihren Glauben teilen konnten, und Gott hat auf wunderbare Weise geantwortet. Manche beten sogar, dass ein Freund oder eine Angehörige einen Ehegefährten finden möge. Sie nennen das dann *geistliche Ehevermittlung.*

Auch die Finanzen spielen in vielen Gebeten eine große Rolle. Viele Ehepaare berichteten, dass Gott sie gleich zu Beginn ihrer Gebetsgemeinschaft durch eine finanzielle Krise hindurchgebracht hat. Einige Paare beten auch regelmäßig für andere, die weniger als sie besitzen. Sie beten für Arme und Bedürftige in ihrer Gemeinde. Sie beten für das Werk des Herrn in dieser Welt.

Kein Gebetsanliegen wurde ausgelassen. Die meisten Paare teilten uns mit, dass sie neben allen oben erwähnten Bitten und Anliegen einen Teil der Gebetszeit mit Lob und Dank füllen. Dabei geht es nicht nur um das, was Gott in ihrem Leben tut, sondern sie danken und preisen Gott, weil er Gott ist, und für das, was er in ihnen und ihrer Ehe verändert hat.

Langweilt sich Gott?

Kathy Deering hat schon in einem vorangegangenen Kapitel zu dieser Frage Stellung genommen. Auch wir haben uns diese Frage gestellt. Schließlich passiert es leicht, in eine Gebets-Routine zu verfallen. Wer täglich betet, wiederholt sich auch. Unsere Gebete wurden uns manchmal sogar selbst langweilig. Ob die Gebete für Gott auch langweilig waren?

Aber nein! Dazu muss man vielleicht erst Großeltern werden, um das richtig verstehen zu können. Mit unseren Enkelkindern zum Beispiel wird es uns nie langweilig. Sie kommen sehr häufig zu uns ins Haus, weil wir in ihrer Nähe wohnen. Die Kleinen haben noch kein großes Themenrepertoir für ihre Gespräche. Sie schauen immer wieder dieselben Bücher an und hören dieselben Kassetten. Und wenn sie bei uns sind, erzählen sie uns immer wieder dasselbe. Aber langweilig wird uns dabei nicht. Dafür haben wir sie viel zu lieb. Wir müssen also eigentlich nur kurz über unsere Liebe zu unseren Enkelkindern nachdenken und stellen fest, dass dort schlichtweg kein Platz für Langeweile ist. Und das ist auch die Antwort auf unsere Frage über Gott.

Mit welcher Freude beobachten und bewundern wir die Einmaligkeit eines jeden Enkelkindes. Als Eltern haben wir das auch manchmal getan, aber damals waren wir so sehr beschäftigt, dass wir uns nicht viel Zeit dazu nahmen. Das ist das Privileg der Großeltern! Wir staunen immer wieder über jede Veränderung, die unsere Enkelkinder gemacht haben, wenn sie zu uns kommen. Wir hören aufmerksam zu, was sie uns sagen. Und wir können uns das auch leisten, denn wir versuchen nicht, sie eifrig zu erziehen – wir freuen uns einfach an ihnen. Vielleicht ist das Verhältnis zwischen Gott und uns eher das von Großeltern zu ihren Enkeln. Schließlich kann man sich Gott nicht gut als einen gehetzten Vater vorstellen. Wir selbst können uns zwar bei unseren Gesprächen mit ihm langweilen, aber er liebt uns mehr als wir unsere Enkelkinder lieben, und deshalb können wir ihn auch nicht langweilen. Es ist uns nur schwer vorstellbar, dass unser himmlischer Vater sich schon richtig darauf freut, uns einmal ganz in seiner Nähe zu haben.

Außer den oben erwähnten Anliegen gab es in manchen Ehepaargebeten noch ein besonders wichtiges: Viele beten um ein Wunder in ihrer Beziehung. Sie beten um Heilung der Verletzungen, die sie sich gegenseitig zugefügt haben. Dazu mehr im nächsten Kapitel.

Fragen zum gemeinsamen Gespräch

1. Betrachten Sie gemeinsam den Vers zu Beginn dieses Kapitels (Jesaja 56,7). Können Sie dem zustimmen, dass Ihr Haus und Ihre Ehe vom Gebet bestimmt werden?

2. Was bedeutet es für Sie als Ehepaar, „den Zuschauerplatz zu verlassen"?

3. Vielleicht haben Sie schon mit dem gemeinsamen Gebet begonnen. Was hat Ihnen dabei geholfen?

4. Was bedeutet es Ihnen „Ihren Partner zu segnen"? Wie haben Sie das gemacht? Andernfalls segnen Sie sich doch gegenseitig, wenn Sie das nächste Mal miteinander beten.

5. Haben Sie beim Beten schon einmal gedacht, dass Gott Ihr persönliches oder Ihr gemeinsames Gebet langweilt? Wie sind Sie damit umgegangen?

Vorschläge für das gemeinsame Gebet

Lieber himmlischer Vater,
beim Lesen dieser Gebete haben wir festgestellt, dass wir bereits begonnen haben, miteinander zu beten. Danke, Vater, dass wir in deine Gegenwart kommen dürfen und du uns willkommen heißt. Danke, dass wir mit dem Beten angefangen haben. Wir freuen uns auf die geistliche Intimität, die wir miteinander und mit dir erleben werden, wenn wir dieses Abenteuer fortsetzen. Es gibt so vieles, worüber wir mit dir sprechen können, wenn wir mit dir „in der Kühle des Abends" oder „in der Morgenfrische" unterwegs sind. Wir wollen daran denken, dass du dich nie mit uns langweilst und dass du dich schon von weitem freust, wenn du uns zu dir kommen siehst. Danke für deine Liebe und Fürsorge für uns und unsere Familien. Wir loben dich, dass du bist, der du bist.
In Jesu Namen. Amen.

Lieber Vater im Himmel,
was für eine Freude, dass du uns gern in deiner Nähe hast. Wir dürfen zu dir kommen, dem Schöpfer des Universums, weil du uns liebst. Du hast uns als deine Kinder adoptiert und du hast uns eingeladen, uns zu dir zu setzen und mit dir zu reden. Danke, dass wir als Ehepaar kommen dürfen und dass du unsere Ehe wertschätzt. Wir möchten dir als Ehepaar Ehre machen und deinen Namen rühmen. Das können wir umso besser, je mehr Zeit wir mit dir verbringen. Danke für dieses Vorrecht.
Wir beten zu dir in Jesu Namen. Amen.

Lieber Gott und Vater,
wir lieben dich. Wir sind sehr bewegt, dass du uns liebst und dass du uns als Ehepaar segnen möchtest. Danke, dass unsere Ehe dir wichtig ist. Wenn wir deine Majestät und Herrlichkeit anschauen, erschaudern wir, dass du für uns sorgst. Du liebst uns. Du freust dich über uns. Du freust dich an unserer ehelichen Gemeinschaft. Hilf uns zu erkennen, dass du bei allem, was wir als Ehepaar tun, vom Diskutieren bis zu unserer körperlichen Gemeinschaft, in allen Lebensbereichen unseres Alltags deine helle Freude an uns hast. Wir sind deine Geschöpfe und du freust dich an uns, besonders wenn wir dich einladen, mit uns alles zu teilen, was wir sind und gemeinsam haben. Segne uns und unsere Ehe mit deiner Gegenwart auf allen Wegen.
Wir bitten dich im Namen Jesu. Amen.

9

Die heilende Macht des Gebets

Darum sollt ihr einander eure Sünden bekennen und füreinander beten, damit ihr geheilt werdet.
Jakobus 5,16 (HfA)

Verschiedene Paare haben davon berichtet, dass ihre Ehe durch das gemeinsame Gebet geheilt wurde. In seltenen Fällen wurde auch von körperlicher Heilung berichtet. Und auch wir selbst haben die heilende Wirkung in unserer Ehe erlebt.

Man kann sich kaum vorstellen, wie ein Paar, das sich kaum noch etwas zu sagen hat, sich einverstanden erklären soll, miteinander zu beten. Das ist schon schwierig genug für Paare, die sich gut verstehen. Dave hat Paare befragt, die bei ihm in der Eheberatung waren und es gewagt haben, miteinander zu beten. Dabei handelte es sich in der Regel um Paare mit besonders schwierigen Eheproblemen.

Ein Paar, das sich zu einer sechswöchigen Testphase des gemeinsamen Gebets entschlossen hatte, berichtete uns später, dass ihre Ehe zum damaligen Zeitpunkt völlig zerrüttet gewesen war. Für dieses Paar war die Gebetsverpflichtung ein allerletzter Versuch gewesen, ihre Ehe zu retten. Was hat das Gebet bewirkt? Lassen wir Sam, den Ehemann, zu Wort kommen:

Das gemeinsame Gebet hat unsere Ehe gestärkt. Wir befanden uns in schrecklichen Schwierigkeiten und unsere Ehe bestand nur noch auf dem Papier. Nach außen hin machten wir jedoch immer noch einen guten Eindruck. Nur die Menschen, die uns nahe standen, wussten, wie es wirklich um unsere Beziehung stand. Als wir dann euer Seminar besuchten, habt ihr diese sechswöchige Gebetsverpflichtung vorgeschlagen. „Warum nicht?“, sagten wir uns daraufhin ohne jegliche Emotionen. Ich glaube, keiner von uns hat sich richtig überlegt, was wir da unterschrieben haben.

Natürlich fingen wir am nächsten Tag nicht gleich an zu beten. Erst acht Wochen später etwa, als wir euren Fragebogen erhielten, fingen wir damit an. In den letzten drei Monaten haben wir dann mindestens viermal pro Woche gebetet und manchmal sogar täglich.

Inzwischen ist das Gebet für uns zur Routine geworden. Oft ist das für mich die einzige Zeit, in der ich erfahre, was meine Frau tagsüber beschäftigt. Da wir beide keine Morgenmuffel sind, habe ich den Wecker ein wenig früher gestellt. (Wir stehen nun um 5:10 Uhr auf und nicht mehr um 5:30 Uhr.) Damit habe ich die Verantwortung übernommen, dass für unser gemeinsames Gebet noch genügend Zeit bleibt. Sollte uns das an einem Tag mal nicht gelingen, ärgern wir uns nicht oder sind enttäuscht, sondern fangen am nächsten oder übernächsten Tag wieder neu an.

Heute verstehen wir uns besser und wir haben viel mehr Achtung voreinander gewonnen. Wir wissen, was im Anderen vorgeht. Und das fiele flach, wenn wir nicht miteinander beten würden. Für mich habe ich festgestellt, dass ich nach unserem Morgengebet im Tagesverlauf besser mit Stress umgehen kann. Außerdem sind wir füreinander verantwortlicher geworden. Und das ist ein schönes Gefühl.

Seine Frau Jerri sprach ausführlicher über den Zustand ihrer Ehe, bevor sie mit dem gemeinsamen Gebet begonnen hatten. Sie schrieb:

Für unsere sterbende – eigentlich tote – Ehe war das Beten ein letzter Strohhalm. Vieles war einfach kaputt und wir zankten uns ständig wegen der Kinder. Gab es überhaupt noch etwas, worüber wir uns einig waren? Aber das Schlimmste für mich war, dass ich Sam kaum noch kannte. Er interessierte sich nur noch für seine Arbeit.

Ich kann nichts Wesentliches nennen, was sich in den ersten Wochen nach unserem Gebetsbeginn verändert hat. Und doch gibt es zusammengefasst einen Heilungsprozess. Im Rückblick kann ich Tag für Tag, Woche für Woche, Monat für Monat einen Fortschritt erkennen. Ich habe zunächst gar nicht gemerkt, wie es Schritt für Schritt besser wurde.

Richtig bewusst geworden ist mir allerdings, dass unser gemeinsames Gebet mir eine Art Fenster zum Herzen meines Mannes geöffnet hat. Im Urlaub haben wir zum Beispiel morgens nicht miteinander gebetet (obwohl wir mittags als Familie eine Andacht hielten). In dieser Zeit fehlte mir der direkte Kontakt zu Sam richtig, stattdessen kam dieses unangenehme fremde Gefühl wieder auf, das ich von früher kannte.

Wenn wir zusammen beten, ist Sam mir eindeutig näher. Und weil ich seine Hingabe im Gebet erlebe, konnten dann auch einige alte Wunden heilen. Es gibt mir so viel Sicherheit, dass ich für meinen Mann plötzlich wichtig geworden bin und er sich mir gegenüber öffnet.

Durch unsere Gebete wurde unsere Ehe geheilt und wir wurden uns einig in der Erziehung unserer Kinder. Und in einem Punkt erlebte ich eine ganz besondere Gebetserhörung: Ich merkte, dass Sam die Freundschaft unserer Tochter zu einem jungen Mann nicht ernst nahm. Also fing ich vorsichtig an, morgens mit Sam für unsere Tochter und für ihre Zukunft mit diesem jungen Mann zu beten. Nach einiger Zeit betete auch Sam für die beiden. Auf diese Weise bereitete Gott Sam auf den Augenblick vor, als der junge Mann bei Sam um die Hand unserer Tochter anhielt.

Ich glaube fest, der Herr hat unser Versprechen, ihm nachzufolgen und regelmäßig gemeinsam zu beten, gesegnet. Unsere Ehe ist auf diese Weise viel lebendiger und liebevoller geworden.

Sam und Jerris Geschichte ist ein ausgezeichnetes Beispiel für die heilende Macht des Gebets und insbesondere des gemeinsamen Gebets. Einmal beschrieben Sam und Jerri, wie sie sich beim Beten einander die Hände reichten. Jerri sagte: „Bei Unstimmigkeiten sitzen wir distanziert nebeneinander. Sobald wir uns aber beim Beten die Hände reichen, ist es so, als würden zwei tote Fische plötzlich wieder zum Leben erweckt."

Ihre Verpflichtung, miteinander zu beten, treibt sie regelrecht in ihre Gemeinschaft hinein. Jerri sagte: „Durch unser gemeinsames Beten fühle ich mich Sam viel mehr verbunden. Endlich weiß ich, was ihm durch den Kopf geht und ich kann im Laufe des Tages für ihn beten." Das allein trägt schon sehr viel zur Zufriedenheit in ihrer Ehe bei.

Eines Tages hatte ein Paar Dave in seinem Beratungsbüro aufgesucht, weil der Ehemann eine kurze Liaison zu einer anderen Frau gehabt hatte. Der Fehltritt lag damals bereits fünf Jahre zurück und seine Frau hatte zu dieser Zeit nichts davon bemerkt. Doch etwa vor einem Jahr hatte der Ehemann starke Schuldgefühle und den Eindruck bekommen, dass er seiner Frau diesen Seitensprung bekennen müsse. Allerdings hatte er nicht mit ihrer heftigen Reaktion gerechnet. Sie war zutiefst gekränkt und verärgert. Und er hatte nicht bedacht, dass er zwar bereits seit fünf Jahren mit seinen Gefühlen im Streit gelegen hatte, für seine Frau aber der alte Vorfall taufrisch und neu war.

Die Frau war so sehr verletzt und wütend, dass sich seit seinem Bekenntnis in ihrer Ehe ein Streit an den anderen reihte. Schließlich kamen sie zur Eheberatung, die für sie die letzte Chance war, ihre Ehe zu retten und die Vergangenheit aufzuarbeiten. Dies war genau zu der Zeit, als wir einige Ehepaare baten, sich für sechs Wochen zu verpflichten, miteinander zu beten. Dave beschloss also, auch diesem Paar diese Verpflichtung zu empfehlen.

Zunächst bat Dave die beiden, ihr Gespräch über die Affäre des Mannes auf einen bestimmten Zeitpunkt zu begrenzen. Sie sollten darüber jeden Tag nur zu einer ganz bestimmten Zeit reden und das Gespräch sollte nicht mehr als dreißig Minuten dauern. Danach sollten sie schweigen und gemeinsam füreinander beten.

Sie waren mit diesem Vorschlag einverstanden, denn das war genau das, was sie seit einem Jahr täglich taten, allerdings ohne das Gebet. In den folgenden drei bis vier Wochen schwand allmählich die Bitterkeit aus dem Herzen der Frau. Sie wurde weicher. Dave sprach sie daraufhin an und sie bestätigte: „Das Beten hat mir sehr geholfen. Ich konnte zuhören, wie mein Mann aufrichtig betete und gewissenhaft vor Gott brachte, was wir besprochen hatten. Ich wusste vorher nicht, wie sehr er unter seinem Versagen litt und wie sehr er Gott nahe sein möchte. Ich glaube allmählich, dass er wirklich eine Besserung unserer Beziehung herbeisehnt. Er hat sich ganz ungeschützt Gott geöffnet. Das hat mir geholfen, ihm neu zu vertrauen." Ihre Vergangenheit wurde tatsächlich infolge ihrer Gebetsgemeinschaft geheilt.

Die Macht der Vergebung

Durch das gemeinsame Gebet wurde bei Sam und Jerri und bei anderen Paaren ein Prozess der Vergebung eingeleitet. Auch wir haben in vielen Situationen erfahren, dass das gemeinsame Gebet die Wurzeln der Bitterkeit zerstört und dafür den Geist der Vergebung wachsen lässt. Doch leider laufen immer noch viele Menschen mit dem Gefühl herum, dass ihr Ehepartner ihnen irgendwie etwas schuldig bleibt – dies ist oftmals die Rechnung für alte Verletzungen. Aber mit dieser Haltung ist an Vergebung nun einmal nicht zu denken. Eine biblische Definition für Vergebung ist „eine Schuld begleichen".[14] Wenn ich also jemandem vergebe, schuldet der andere mir nichts mehr. Ich habe die Schuld gestrichen. Was macht es Ehepaaren nun so schwer, einander zu vergeben? Wir haben fünf Gründe hierfür gefunden.

1. Wir tun uns schwer zu vergeben, weil wir meinen, wir müssten schnell vergeben. Außerdem scheint es in unseren Augen geistlicher zu sein, wenn man schnell vergibt. In 1. Johannes 1,9 (L) steht: „Wenn wir aber unsre Sünden bekennen, so ist er treu und gerecht, dass er uns die Sünden vergibt und reinigt uns von aller Ungerechtigkeit." Die göttliche Vergebung geschieht sofort. Ich muss nicht erst lange warten und prüfen, ob Gott vergeben möchte oder nicht. Ich weiß umgehend, dass er das, was ich bekannt habe, vergeben hat.
   Leider vergessen wir dabei, dass wir zeitlich gesehen nach der Kreuzigung leben. Hätten wir dreitausend Jahre früher gelebt, etwa zur Zeit Davids, hätten wir nicht mit sofortiger Vergebung rechnen können. Dazu war ein langer Weg nötig. Zunächst mussten die Sünden dem Priester gebeichtet werden. Dann folgte das Sühnopfer. Anschließend musste man auf den großen Versöhnungstag warten. An diesem Tag brachte dann der Priester ein Opfer für die Sünde des Volkes dar, indem er das Blut des Tieres auf die Bundeslade sprengte. Anschließend wurde die Sünde auf einen Sündenbock gelegt, der mit dieser Last in die Wüste getrieben wurde – ein wahrer Glaubensakt. Erst tausend Jahre später hat Jesus am Kreuz auf dieser Basis dann die Versöhnung für uns geschaffen.
   Wenn wir nun die ganze Spanne der Zeitgeschichte betrachten, war Gottes Vergebung nicht immer schnell. Viele tausend Jahre hat es gebraucht, bis seine Zeit der Vergebung gekommen war. Er hat den passenden Zeitpunkt abgewartet und am Kreuz die Vergebung zur Vollendung gebracht. Warum das so lange gedauert hat? Vielleicht weil er uns erkennen lassen wollte, wie ernst Sünde ist. Wenn Gott sich Zeit zur Vergebung ließ, warum ist es uns dann damit so eilig?
   Sicher, Kleinigkeiten sollte man jederzeit sofort vergeben, doch es gibt auch tiefe und schmerzhafte Verletzungen, bei denen es Zeit braucht, bis wir so weit sind, dass wir ganz bewusst vergeben können. Eine rasche Vergebung hingegen mindert nur die Straftat.

2. Ich glaube, die meisten Menschen finden vergeben schwierig, weil sie sehr schlecht vergessen können. Wir waren erstaunt, wie viele glauben, dass sie, wenn sie vergeben, auch vergessen müssen. Folglich meinen sie: Wenn sie nicht vergessen haben, haben sie auch nicht vergeben. Noch einmal: Wir möchten wie Gott vergeben können. Und wir wissen, dass wenn Gott vergibt, er auch vergisst. Das möchten wir auch. Was wir dabei aber nicht berücksichtigen: Wenn Gott vergibt, braucht er nichts daraus zu lernen, denn er weiß alles. Wenn wir vergeben, müssen wir uns jedoch sehr oft noch an die Ursache erinnern, denn wir müssen meist etwas dazulernen, um uns oder unsere Lieben zu schützen. Unser Gedächtnis hat mit unserer Vergebung also nichts zu tun. Gott vergibt und vergisst. Wir vergeben und müssen uns trotzdem noch erinnern.
   Oft sind jedoch die Verletzungen, die wir vergeben wollen oder die Verletzungen, die wir bereits vergeben haben, sehr schmerzhaft, und wir möchten uns nicht mehr an sie erinnern. Doch trotz aller Anstrengungen schaffen wir es nicht – vor allen Dingen in unserer Beziehung zu unserem Partner. In vielen Fällen sollten wir wahrscheinlich auch gar nicht vergessen, weil wir daraus etwas über uns selbst und unseren Ehepartner lernen sollen. Wenn wir uns nun an den Schmerz erinnern, sollten wir uns gleichzeitig an die Vergebung erinnern. Das ist sehr wichtig und verleiht uns die richtige Perspektive.

3. Oft zögern wir mit der Vergebung, weil wir meinen: Wenn wir das Böse, das uns angetan wurde, vergeben, dulden wir es stillschweigend. Hier kann uns der Glaube weiterhelfen. Wir wissen, dass Gott nie sein O.K. zur Sünde spricht, auch wenn er die Sünden vergibt. Sünde ist und bleibt böse. Sie ist nur vergeben. Deshalb sollte uns auch Folgendes klar sein: Wir vergeben nicht, um den anderen zu entlasten, sondern in erster Linie zu unseren eigenen Gunsten. Vergebung befreit uns von den Lasten und Verletzungen der Vergangenheit, aber sie gibt nie ihr O.K. zum Bösen, stattdessen macht sie uns frei.

Denken Sie einmal einen Augenblick darüber nach. Stellen Sie sich vor, Sie hegen Groll und Bitterkeit gegen eine Person – sagen wir gegen das Gemeindeglied Y. Und nun kommt Y auf Sie zu. Was passiert? Wahrscheinlich schlagen Sie eine andere Richtung ein. Sie meiden Y. Wer bestimmt folglich Ihr Leben? Sie selbst oder Y? Offensichtlich bestimmt Y Ihr Verhalten. Wenn Sie Y aber vergeben, sind Sie frei. Sie brauchen keinen anderen Weg mehr einzuschlagen. Das Problem gehört nun Y allein.

4. Weil wir vergessen haben, wie viel uns vergeben worden ist, vergeben wir selbst oft nicht. An verschiedenen Stellen koppelt Jesus die Tatsache, dass uns vergeben wurde, an unsere Fähigkeit, anderen zu vergeben (siehe Matthäus 6,9–15; 18,21–35). Die Geschichte vom unbarmherzigen Schuldner gipfelt darin, dass er seinem Diener eine kleine Schuld nicht vergeben kann, weil ihm nie richtig aufgegangen ist, dass der König ihm eine unvorstellbar große Schuld erlassen hatte. Wenn er den Umfang der Vergebung begriffen hätte, hätte er seinem Freund die kleine Schuld mit Leichtigkeit vergeben.
   Fällt es Ihnen schwer zu vergeben? Und fällt es Ihnen besonders schwer, Ihrem Ehepartner zu vergeben? Bitte, erinnern Sie sich immer wieder daran, wie viel Gott uns in Christus vergeben hat. Mir hilft dieser Gedanke. Er vernichtete meine Sündenschuld, eine Schuld, die ich nie zurückzahlen könnte. In diesem Zusammenhang gibt es nichts, aber auch gar nichts in meinem Leben und meiner Ehe, das außerhalb der Vergebung liegt.

5. Manchmal können wir nicht vergeben, weil wir Vergebung mit Versöhnung verwechseln. Das sind zwei ganz separate Abläufe. Ich kann vergeben und doch nicht versöhnt sein. Vergebung ist etwas, das ich selbst tue und ich brauche dazu nicht den anderen. Natürlich würde das die Sache leichter machen, aber notwendig ist es nicht. Und so ist das auch bei Gott. Er braucht unsere Hilfe nicht, wenn es um Vergebung geht – das hat Gott ganz allein am Kreuz erledigt.

Zur Versöhnung dagegen gehören immer zwei und auch in der Ehe gehören immer zwei dazu. Ein Einzelner kann die Versöhnung nicht bewirken. Das geht nur bei Vergebung.

Versöhnung ist in den meisten Beziehungen eine freiwillige Sache. In der Ehe dagegen bleibt die Versöhnung, wenn ein Partner tief verletzt wurde, immer unser Ziel. Es sind also beide Parteien gefragt, damit Versöhnung geschehen kann – zwei Herzen, die sich öffnen. Das braucht unter Umständen viel Zeit. Aber das ist in Ordnung, denn Heilung braucht immer Zeit.

Durch das gemeinsame Gebet haben wir die besten Voraussetzungen für Vergebung und für Versöhnung. Die heilende Macht des Gebetes wird dort erfahren, wo wir mit unseren Verletzungen und Enttäuschungen zusammen vor den Herrn treten und ihm erlauben, unsere Beziehung zu heilen.

Andere Heilungen

Es gibt noch andere Bereiche, in denen Heilung geschieht, wie uns von verschiedenen Paaren beschrieben wurde. Einige haben nach einem Gebet ihres Partners körperliche Heilung erfahren. Eine Frau schreibt, wie sie jahrelang mit den Emotionen ihres Mannes zu kämpfen hatte. Sie erzählt uns, wie das gemeinsame Gebet ihren Mann schließlich verändert hat:

Wir haben viele Jahre lang hin und wieder als Ehepaar gebetet.
Bevor wir mit dem gemeinsamen Beten anfingen, hatte ich
jedoch Sorge, dass mein Mann mich und auch sich selbst von
allem abschotten würde, was mit Gefühlen zu tun hat.
Er versteckte sich im Grunde vor jeder Art von Emotion.
Sein Denken war sehr negativ und er war häufig depressiv.
Deshalb verhielt er sich mir gegenüber total entmutigend.
Zuerst konnte ich mir gar nicht vorstellen, mit ihm regelmäßig
zu beten. Und nun sind schon viele Jahre vergangen,
seitdem wir damit anfingen. Wir haben das gemeinsame Beten

in dieser Zeit nur selten versäumt. In all den Jahren habe ich immer mal wieder Rückschau gehalten und bei meinem Mann eine wirkliche, wenn auch nur sehr allmähliche Veränderung wahrgenommen. Gott hat ihn viel belastbarer gemacht. Sorgen, die ihn früher zu erdrücken drohten, sind verschwunden. Er versuchte, seine Schwierigkeiten im Gebet an Gott abzugeben, und das ist ihm zunehmend gelungen, ja noch mehr, er hat seine Schwierigkeiten Gott überlassen können. Auch ist er mir gegenüber viel liebenswerter geworden. Er läuft nicht mehr vor seinen Gefühlen davon. Das ist eine ganz dramatische Veränderung für ihn.

Nicht jeder wird so dramatische Veränderungen erfahren, doch auch nicht jedes Paar braucht diese Art der Heilung. Gott ist treu. Er gibt jedem von uns, was er braucht, besonders, wenn wir uns im Gebet treu um ihn versammeln.

Fragen zum gemeinsamen Gespräch

1. Lesen Sie den Vers zu Anfang dieses Kapitels (Jakobus 5,16) noch einmal. Glauben Sie, dieser Vers trifft besonders auf Paare zu, die ihre Schuld voreinander eingestehen und füreinander beten?

2. In diesem Kapitel sprachen wir über das ungeschützte Gebet. Warum öffnen sich Paare nur schwer voreinander?

3. Gibt es Dinge in Ihrer Ehe, über die Sie nur ungern reden? Was würde Ihrer Meinung nach geschehen, wenn Sie darüber reden und das Gespräch mit einem Gebet abschließen würden?

4. Welche Mythen über die Vergebung haben Sie für wahr gehalten?

5. Sprechen Sie über Situationen, in denen Sie selbst auf irgendeine Weise Heilung erfahren haben, oder erzählen Sie von einem Bekannten, der Heilung durch Gebet und Vergebung erlebt hat. Glauben Sie, dass die Heilung wie in Jakobus 5,16 geschah?

Vorschläge für das gemeinsame Gebet

Lieber himmlischer Vater,
wir brauchen Heilung in unserer Ehe. Zum Teil haben wir deswegen gemeinsam zu beten angefangen, weil wir hoffen, dass du irgendwie eingreifst und frischen Wind in unsere Ehe bringst. Nach außen sieht alles gut aus, aber innen, Herr, sind wir am Ende unserer Kräfte. Keiner von uns will so weitermachen wie bisher. Wir bitten dich um deine Hilfe. Wir bitten dich um deine Heilung. Schaffe Leben in uns, wo alles abgestorben ist. Bringe Freude, wo wir aneinander leiden. Bringe wieder Hoffnung, wo nur noch Hoffnungslosigkeit herrscht. Komm, Herr Jesus, und erneuere du unsere Ehe.
Wir bitten dich in Jesu Namen. Amen.

Lieber Vater im Himmel,
wie schön ist es, von Paaren zu lesen, die Heilung in ihrer Ehe erfahren haben. Wir sind dir dankbar, dass in unserer Ehe der Boden unter uns relativ stabil ist, aber es gibt Bereiche, wo wir deine Heilung brauchen. Hilf uns, einander unsere Bedürfnisse einzugestehen, damit wir im gegenseitigen Eingeständnis und Gebet für den anderen deine heilende Kraft in uns wahrnehmen. Danke für das neue Leben in unserer Ehe. Wir vertrauen auf dein weiteres Eingreifen in unseren Schwachpunkten.
Im Namen Jesu. Amen.

Lieber Gott und Vater,
danke für die Heilung, die wir in unserer Ehe erfahren haben. Danke, dass du aktiv in uns wirkst, uns ziehst und schubst, neben uns gehst und immer bereit bist, den Zerbruch zu heilen,

den wir erlitten haben. Du bist ein Gott des Neubeginns. Du bist ein heilender, liebender Gott. Wir danken dir für das, was du in unserer Ehe getan hast und für alles, was du auch weiterhin tun wirst, wenn wir dir gegenüber und füreinander offen bleiben. Gib uns Mut für unsere Zukunft und Beharrlichkeit, auf dich gerichtet zu bleiben. Gib uns Geduld mit dir und miteinander und hilf jedem von uns, ehrlich und integer zu sein, denn wir möchten dir immer näher kommen. Danke, Herr, für alles, was du bist, alles, was du immer sein wirst und was du für unsere Ehe bist.

Wir preisen dich in Jesu Namen. Amen.

10

Zeit zur gegenseitigen Verpflichtung

Gott ist die Liebe, und wer in der Liebe bleibt,
der bleibt in Gott und Gott in ihm.
Darin ist die Liebe bei uns vollkommen ...
1. Johannes 4,16 (L)

„In Gott bleiben". Wie macht man das? Dazu gehört vor allem das Gebet. Gott hat versprochen, dass alle, die in seiner Nähe, in seiner Liebe bleiben, auch in Gott bleiben. Das gilt besonders für Ehepaare und wird Auswirkungen auf ihre Liebe haben, wie man den Worten des Johannes entnehmen kann.

James Houston meint, dass jedermann, wie er sagt, „prayer companions"[15] – Gebetspartner – braucht. Damit übernehmen wir durch das Gebet persönliche Verantwortung für einen oder mehrere Christen, eine dringende Notwendigkeit für Gläubige in unserer Single-Gesellschaft. James Houston schlägt jedoch in seinen Ausführungen zunächst den Ehepartner als Gebetspartner vor.

Houston schreibt dazu: „Für eine so intime Freundschaft ist es ungeheuer wichtig, dass man die emotionale Geschichte des Einzelnen innerhalb seiner Familie kennt und wie sie unser Verhalten Gott gegenüber geprägt hat." Dem stimmen wir voll und ganz zu. Vor allem bei einer Gebetsgemeinschaft zwischen Ehepartnern ist es unverzichtbar, gemeinsam die emotionale Geschichte und ihre Auswirkungen auf die Beziehung untereinander und auf Gott kennen zu lernen und zu verstehen. Auch die Gebetsgemeinschaft mit einem Freund oder einer Freundin ist ein wunderbares Geschenk zwischen zwei Menschen, die ihre Beziehung zu Gott vertiefen wollen. Jan hat eine Gebetspartnerin gehabt, eine enge Freundin, mit der sie sich mehr als fünfzehn Jahre lang wöchentlich zum Beten getroffen hat. Sie und ihre Freundin beteten für die Bedürfnisse ihrer Familien und Freunde und sprachen und beteten über ihren eigenen Beziehungen zu Gott. Wie wichtig war Jan diese Freundschaft!

Die Gebetszeit zwischen Mann und Frau hat außerdem einen weiteren Schwerpunkt. Wir beten nicht nur für unsere Familie und ihre Bedürfnisse, wir bitten auch gemeinsam den Herrn, uns als Ehepaar in seinem Reich intensiver einzusetzen und das Herz des Ehepartners noch besser kennen zu lernen. Beide Beziehungen sind wichtig, jede auf ihre Weise.

Also, was werden Sie tun? Möchten Sie sich zum Partnergebet verpflichten? Während Sie darüber nachdenken, schildern wir Ihnen noch einige Erlebnisse von Paaren, die „ihren Platz als Zuschauer verlassen“ und angefangen haben, täglich miteinander zu beten. Ein Ehemann schrieb:

Wir erleben Frieden und Zufriedenheit, wenn wir gemeinsam beten, denn wir wissen, der Herr kann für alle Angelegenheiten, mit denen wir allein nicht fertig werden, sorgen. Dabei lerne ich immer mehr den Wert einer geistlich orientierten Frau schätzen. Unser gemeinsames Gebet schafft eine Intimität, die uns auch in allen anderen Bereichen der Ehe näher zusammenbringt.
Die investierte Zeit lohnt sich unbedingt!

Eine Frau schrieb:

Wenn wir miteinander laut beten, fühlen wir uns Gott und einander enger verbunden. Während wir unsere Herzen voreinander ausschütten, erfahren wir so viel mehr über die Sorgen, Frustrationen und Freuden des Partners als in jedem anderen Gespräch. Das ist sicher die beste Art der Kommunikation mit Gott und miteinander als Ehepaar.

Ein Paar schrieb:

Unser Tag wird in die richtige Richtung gelenkt. Das Gebet führt uns näher zusammen. Es schafft Frieden, wenn wir uns mit Schwierigkeiten auseinander setzen müssen, weil wir wissen, wir haben uns beide verpflichtet, auf den Herrn zu hören und unsere individuellen Tagesprogramme zurückzustellen. Wir wissen, was den Partner beschäftigt, weil wir es in unserer Gebetszeit artikuliert haben.

Ein Ehemann schrieb:

Als wir versprochen hatten, miteinander zu beten, schienen sich auf einmal die Schwierigkeiten zu häufen. Als Ehepaar mussten wir mit einer Menge fertig werden. Weil wir aber zusammen beten, bleiben wir innerlich fest. Wir blicken auf Gott, der uns hilft, mit unseren Schwierigkeiten zu leben.

Seine Frau fügte hinzu:

Wir haben entdeckt: Je mehr wir Gott an die erste Stelle setzten, wie es in Matthäus 6,33 heißt, umso besser wurde es in unserem Leben. Schmerz und Kampf hörten nicht auf, aber es war nicht mehr dieser nagende, stechende Dauerschmerz. Wir wussten zwar, dass der Schmerz da war, aber wir wussten auch, dass Gott anwesend war und er gab uns Kraft und Frieden.

Und noch eine Bestätigung eines Ehemanns:

Ich glaube, Gott will, dass ein Ehepaar zusammenhält und für seine Familie sorgt. Das gemeinsame Gebet gibt mir einen Einblick, wie meine Frau denkt und fühlt. Darum kann ich sie besser im Gebet unterstützen und ihr Mut machen, Gottes Gaben in ihr zu entfalten.

Und Sie?

Sind Sie bereit, die Verpflichtung einzugehen? Dann füllen Sie das Formblatt am Ende dieses Buches aus. (Sie brauchen es nicht herauszureißen. Füllen Sie es einfach nur aus und lassen Sie es in dem Buch.) Dann schreiben Sie uns und teilen uns mit, dass Sie die Verpflichtung eingegangen sind, sechs Wochen lang täglich miteinander zu beten, oder teilen Sie uns mit, dass Sie schon mit Ihrem Ehepartner beten. Wie wir bereits früher erwähnt haben: Es macht einen Unterschied, sein Versprechen schriftlich festzulegen. Es wird dadurch verbindlicher und realer. Und auch wir verpflichten uns, für Sie zu beten, wenn Sie miteinander beten wollen. Sie können uns an die folgende Adresse schreiben:

Drs. Dave and Jan Stoop
1151 Dove Street, #150
Newport Beach, CA 92660

Oder schicken Sie uns ein E-mail an:
Djstoop@deltanet.com

Oder schicken Sie uns Ihr Fax:
001-949-250-9193

Wir werden Sie in unsere Adressliste aufnehmen und Ihnen regelmäßig schreiben, wie es anderen Paaren, die miteinander beten, ergangen ist.

Unser Versprechen

Hiermit versprechen wir,

ab ______________________

regelmäßig als Ehepaar miteinander zu beten.

Wir sind einverstanden,

soweit wie möglich täglich

über einen Zeitraum von sechs Wochen

eine Gebetsgemeinschaft zu pflegen.

____

Name

____

Datum

____

Name

____

Datum

Bibliographie

[1] Dallas Willard, The Spirit of the Disciplines: Understanding How God Changes Lives, Harper and Row, 1988, S. 156.

[2] Richard Foster, Prayer: Finding the Heart's True Home, HarperCollins, 1992, S. 7.

[3] Marriage Ministries International, P.O. Box, Littelton, Colorado 80160.

[4] William Barclay, The Gospel of Matthew, Vol. 2, Saint Andrew, 1957, S. 210.

[5] Barclay, S. 211.

[6] Quin Sherrer, How to Pray for Your Family and Friends, Servant Publications, 1990, S. 143.

[7] Paul Stevens, Marriage Spirituality, InterVarsity Press, 1989, S. 42. Er nennt viele Schriftsteller, die Vorbehalte gegen geistliche Disziplin in der Ehe haben.

[8] Barclay, S. 211.

[9] Mit Erlaubnis von Gillian Weitsz übernommen: Riding the Cancer Roller Coaster, Engedi, 1995.

[10] Carol Anderson und Susan Stewart, Mastering Resistance, Guilford Press, 1983, S. 1.

[11] Jack W. Hayford, Prayer Is Invading The Impossible, Ballantine, 1977.

[12] James Houston, The Transforming Power of Prayer, NavPress, 1996, S. 51.

[13] David Stoop, Seeking God Together, Tyndale House Publishers, 1996, S. 57 ff.

[14] Als Diskussionsgrundlage zum Thema Vergebung siehe David Stoop und Jim Masteller, Forgiving Our Parents, Forgiving Ourselves, Servant Publications, 1992.

[15] Houston, S. 310.